RENDA PASSIVA E MENSAL COM AÇÕES

O segredo de como investir melhor e com menos risco.

CALL COBERTA - MERCADO DE OPÇÕES

RENDA PASSIVA E MENSAL COM AÇÕES

O segredo de como investir melhor e com menos risco.

CALL COBERTA - MERCADO DE OPÇÕES

1ª Edição

Rubens Gonçalves de Souza

Uma cópia de registro deste livro está
disponível na Biblioteca Nacional no Rio
de Janeiro.

Revisão Gramatical: Mundoescrito.com.br

Veja também o vídeo de apresentação do livro:

https://youtu.be/E8pU5eyVWsc
www.oestrategista.com.br

Aviso Legal

O conteúdo contido ou disponibilizado neste livro não se destina e não constitui aconselhamento de investimento. O autor está fornecendo este livro e seu conteúdo apenas para fins informativos e educacionais. Este material não é, nem pretende ser, sugestão sobre negociação ou investimento, nem recomendação de investimento. O uso das informações deste livro é por sua conta e risco.

A negociação de valores mobiliários na bolsa de valores pode envolver alto risco e a perda de todo o valor investido. As informações de investimento fornecidas neste material podem não ser apropriadas para todos os investidores e são fornecidas sem levar em consideração a sofisticação financeira de cada investidor, situação financeira, horizonte de tempo de investimento ou tolerância a riscos.

Dados Internacionais de Catalogação na Publicação (CIP)
(eDOC BRASIL, Belo Horizonte/MG)

S729r

Souza, Rubens Gonçalves de.
  Renda passiva e mensal com ações: o segredo de como investir melhor e com menos risco: call coberta: mercado de opções / Rubens Gonçalves de Souza. – São Paulo, SP: Ed. do Autor, 2020.
  131 p. : 15,24 x 22,86 cm

ISBN 978-65-00-00200-3

1. Bolsa de valores. 2. Carteira (Finanças). 3. Investimentos. 4.Opções (Finanças). I. Título.

CDD 332.6

Elaborado por Maurício Amormino Júnior – CRB6/2422

SUMÁRIO

Introdução

Para a maioria das pessoas que investe no mercado de ações, há apenas duas maneiras de gerar lucro: uma com o dividendo pago pela empresa para o detentor do ativo e a outra com a valorização desse ativo, ou seja, a ação tem que subir.

Neste livro você aprenderá uma terceira alternativa para aumentar o rendimento das suas ações, que é com o uso de opções. Essa alternativa consiste em um estilo mais sofisticado de investir, no qual é possível que se aproveite ao máximo o potencial de renda que as suas ações possam gerar. Mostrarei como obter altos ganhos mesmo se a ação desvalorizar ou ficar estagnada, e ainda como receber para reduzir o risco em seu portfólio, em caso de uma queda no mercado.

Quando o assunto é gerenciamento de risco, a maioria dos livros sobre derivativos recomenda a compra de opção como um seguro, o que pode corroer os ganhos que você obteve com o seu ativo, além de ser muito difícil saber quando haverá uma queda no mercado e quando é necessário comprar esse seguro (market timing). Este livro abordará um conceito totalmente diferente; ao invés de comprar, você venderá opções e aprenderá como usar seus ativos para obter uma renda constante. Tal iniciativa, além de prover retornos, ajuda a diminuir o custo inicial desses ativos, o que consequentemente gera uma redução de risco.

O objetivo de todo empreendedor é aumentar sua renda ou fluxo de caixa, e, com o investidor, o mesmo pensamento se aplica. Mostrarei a você como fazer uso das suas ações para gerar uma renda extra no seu portfólio, rendimento que poderá ser quinzenal, mensal, trimestral ou semestral, tudo irá depender da maneira com que você aplica essa estratégia.

Com a ajuda de um grande aliado, os juros compostos, essa estratégia pode fazer uma significante diferença na sua vida financeira a longo prazo. Há uma famosa frase, atribuída a Albert Einstein, que diz que os juros compostos são a mais poderosa força do universo e que ele os considerava a oitava maravilha do mundo. Disse Einstein, "quem não entende paga por ele e quem compreende os recebe".

Explicarei essa estratégia da maneira mais simples, para que a pessoa que nunca ouviu falar de opções possa aprender sobre o assunto. Também fornecerei exemplos e informações mais avançadas, de modo que o leigo se torne um especialista. Para os que já conhecem a estratégia, este livro ajudará a expandir o conhecimento e a visualizar as diferentes maneiras de implementação e gerenciamento.

Agora não há mais necessidade de esperar o mercado subir para lucrar. Estou falando da venda da call coberta, uma estratégia segura no mercado de renda variável. Há vários nomes dados a essa estratégia, como "covered call", o nome em inglês, ou como "lançamento coberto", "venda da call coberta" ou "call coberta", em português.

Parabéns por investir em conhecimento! Com um pouco de dedicação, você aprenderá a utilizar uma excelente ferramenta, que poderá melhorar a sua vida financeira e o seu futuro, além de adquirir uma habilidade de investir, que poderá ser passada para as futuras gerações.

Para qualquer dúvida em relação ao livro, visite o site www.oestrategista.com.br ou procure pelo canal; "O Estrategista" no youtube.

1

Uma Breve História de Como Surgiram as Opções

A História mostra dois momentos em que, talvez, o uso de opções ocorreu pela primeira vez: o primeiro, uma estratégia utilizada por Tales de Mileto, e o segundo, a bolha de tulipas de 1637.

Aristóteles menciona Tales em sua obra "A Política", escrita por volta de 350 a.c. Tales é mencionado em uma das seções, na qual Aristóteles descreve como alcançar o monopólio em qualquer aspecto dos negócios.

A história é que Tales, um ávido filósofo e astrólogo, usou o seu conhecimento em matemática e em astrologia e previu que a colheita de azeitonas do ano seguinte seria mais abundante do que o habitual. Uma vez colhidas as azeitonas, elas precisam ser processadas com prensas e ele previu que a demanda pelas prensas poderia aumentar substancialmente.

Tales negociou com os proprietários das prensas e pediu que eles lhe vendessem o direito de usá-las durante a estação da próxima colheita, oferecendo em troca um pequeno depósito (prêmio), a fim de garantir o direito de uso na próxima safra a um preço acordado.

Os proprietários aceitaram, porque, se Tales decidisse usar as prensas, ele também iria pagar o preço normal que todos os produtores pagavam, e caso decidisse por não as usar, os proprietários ficariam com o depósito pago e poderiam alugar as prensas para outros produtores, como eles faziam todos os anos.

No final, Tales estava certo e o ano seguinte foi de grande colheita e de uma enorme produção de azeitonas. Como ele, então, possuía o direito de uso das prensas, conseguiu vender seus direitos de usá-las para outros produtores e obteve um lucro enorme.

Apesar de o termo opção de compra não ter sido usado, Tales de Mileto talvez tenha criado a primeira opção de compra call, tendo as prensas de azeitona como um ativo subjacente.

Um dos usos mais notáveis dos contratos de opções na História ocorreu durante a bolha de tulipas de 1637, na Holanda – isso mesmo, uma flor. O uso da tulipa tornou-se popular e virou símbolo de status, porque a flor era usada pela aristocracia holandesa, uma mania que acabou se espalhando por toda a Europa.

A demanda pelas tulipas cresceu tanto, que muitos produtores e investidores entraram em contratos futuros e contratos de opção de compra. Foi até criado um mercado secundário, como a bolsa de valores, em que as pessoas podiam especular no preço. Os produtores pegaram muito dinheiro emprestado, muitos deles usaram as próprias casas como garantia, para investirem em suas plantações de tulipas.

Com tanta especulação e alavancagem, o resultado não podia ser outro, a demanda de repente acabou e a bolha explodiu. Muitas pessoas perderam suas casas, o que resultou em uma das maiores recessões da economia holandesa. Naquela época, os contratos de opções não eram regulamentados como hoje e muitos não foram cumpridos.

Em 1791 foi criada a bolsa de valores de Nova Iorque, a NYSE (New York Stock Exchange). Nesse período, para encontrar compradores e vendedores de opções, os representantes das corretoras encontravam-se no balcão de negócios, e às vezes até divulgavam os contratos de opções em anúncios em jornais para atrair investidores.

O mercado de opções continuou em expansão, mas ainda não era padronizado, contratos não tinham as mesmas datas de validade e os termos eram diferentes, o que dificultava muito a negociação. A partir de 1973, um novo mundo surgiu para os investidores. A CBOE, Chicago Board Options Exchange, foi a primeira bolsa a padronizar os contratos para melhorar a liquidez. Por exemplo, todos os contratos de qualquer empresa passaram ter a mesma validade e também cada contrato passou a corresponder à quantidade de 100 ações; as regras de padronização também passaram a ser definidas pela bolsa de valores, onde as opções são comercializadas.

A internet e o crescente número de corretoras online, que, junto com a padronização, ajudou a expandir o uso de opções, que continua a crescer em popularidade nos Estados Unidos e que começa a crescer também no Brasil.

2

Conceito Venda da Call Coberta

Vamos entender como funciona a opção call. Suponha que você compre um bem, tal como um terreno ou uma ação. Em seguida você vende para outra pessoa o direito, mas não a obrigação de comprar esse bem de você, a um determinado preço que você determine e em uma data específica, que você também escolhe. Em troca, você recebe um prêmio em dinheiro, que fica disponível imediatamente na sua conta.

2.1   Mercado Imobiliário – Terreno

Vou usar o mercado imobiliário, neste exemplo, apenas para ilustrar o conceito. Suponhamos que Ana comprou um terreno no estado da Bahia por R$ 100 mil. Após fazer todas as pesquisas, ela está confiante de que esta propriedade irá valorizar, porque novos empreendimentos de lazer podem ser construídos na mesma área. Por esse motivo, ela está decidida a vender esse terreno no futuro por R$ 130 mil.

José, outro investidor, está extremamente empolgado e muito interessado no terreno dela. Ele acredita que o terreno pode valorizar e chegar a até R$ 160 mil se o governo local aprovar a construção dos empreendimentos de lazer na área, como hotéis e pousadas, o que deve ser decidido nos próximos seis meses.

José quer comprar o terreno, mas, ao mesmo tempo, ele não quer arriscar e pagar o valor de R$ 130 mil, o preço que ela está pedindo. Então, ele faz uma proposta à Ana e lhe oferece um depósito de R$ 10 mil, pelo direito de comprar o terreno a R$ 130 mil e também pelo direito de decidir se realiza a compra ou não em um período de até seis meses.

Ana aceita a proposta e os R$ 10 mil são depositados em sua conta. Não importa se José decida comprar ou não o terreno nos próximos seis meses, esse depósito pertence à Ana.

Agora imagine também que, ao redor, na mesma área, há vizinhos com terrenos idênticos ao de Ana, com o mesmo tamanho e custando o mesmo valor de R$100 mil. Entretanto, eles (vizinhos) não estão interessados nesse tipo de contrato de opção, e foi por isso que José fez o acordo com a Ana. Abaixo estão os termos do contrato entre José e Ana.

Contrato de Opção Terreno
Prêmio ou Depósito: R$ 10 mil.
Duração do contrato: 6 meses.
Preço de venda/exercício: R$ 130 mil.

Agora vamos analisar três possíveis cenários após a duração do contrato. José tem até seis meses para decidir se compra ou não o terreno. O prazo pode ser desde um dia após fechar o contrato até o último dia, no final de seis meses. Não importa qual a decisão de José, em qualquer um dos cenários, o prêmio de R$ 10 mil ficará com Ana.

❖ **Cenário 1 – Projeto Não Aprovado:**
O terreno consequentemente se desvaloriza.

❖ **Cenário 2 – Projeto Indefinido:**
O preço do terreno se mantém estável, porque a aprovação do projeto de lazer não foi decidida dentro do prazo de seis meses.

❖ **Cenário 3 – Projeto Aprovado:**
O terreno se valoriza.

Vamos analisar a situação de Ana, de José e dos vizinhos após cada um desses cenários.

Cenário 1 - Projeto Não Aprovado.

Com a não autorização para a construção dos empreendimentos de lazer, todos os terrenos sofrem uma desvalorização. Sendo assim, neste cenário, os terrenos passam a valer R$ 90 mil no mercado. Vamos analisar a situação de cada um dos participantes.

Valor de Mercado dos Terrenos: R$ 90 mil.
Direito de compra: José não exerce o direito de compra.
José: Perde os R$ 10 mil.
Ana: Mantém o terreno de R$ 90 mil e o prêmio de R$ 10 mil.
Vizinhos: Mantém o terreno de R$ 90 mil.

Neste caso, José não exerce a opção de compra por R$ 130 mil, conforme o contrato, pois ele pode comprar um outro terreno similar no mercado com menor preço, no valor de R$ 90 mil. Então, ele perde todo o dinheiro investido, que é o prêmio de R$ 10 mil pago à Ana.

Ana fica com o prêmio de R$ 10 mil e também mantém a sua propriedade, agora no valor de mercado de R$ 90 mil. Os vizinhos, neste cenário, tiveram o patrimônio reduzido de R$ 100 mil para R$ 90 mil.

Perceba que, apesar de o terreno ter desvalorizado, Ana está numa situação bem melhor do que os outros investidores (vizinhos), que não utilizaram a ferramenta de opção. Ela mantém o patrimônio em R$ 100 mil, pois continua com o terreno no valor de R$ 90 mil e também fica com o prêmio pago por José, no valor de R$ 10 mil.

Cenário 2 – Projeto Indefinido.

No segundo cenário, após seis meses o projeto continua indefinido e o preço dos terrenos se mantém estável, no valor de R$ 100 mil no mercado.

Valor de Mercado dos Terrenos: R$ 100 mil.
Direito de compra: José não exerce o direito de compra.
José: Perde os R$ 10 mil.
Ana: Mantém o terreno de R$ 100 mil e o prêmio de R$ 10 mil.
Vizinhos: Mantém o terreno de R$ 100 mil.

Passados os seis meses, a indefinição sobre o projeto continua. José obviamente não exerce a opção de compra por R$ 130 mil, conforme o contrato, pois há no mercado terrenos similares, como os dos vizinhos, por R$ 100 mil. Então, ele perde novamente todo o dinheiro investido, que é o prêmio de R$ 10 mil pago à Ana.

Ana novamente fica com o prêmio de R$ 10 mil pago por José e também mantém a sua propriedade, que continua no valor de mercado de R$ 100 mil. Com isso, o patrimônio total dela aumentou para R$ 110 mil, o que resultou em um rendimento adicional de 10% em seis meses ou de 20%, se considerarmos o valor anualizado.

Os vizinhos, neste cenário, mantiveram o patrimônio no valor de R$ 100 mil, sem nenhum rendimento adicional.

Cenário 3 - Projeto Aprovado.

Neste cenário, o projeto foi aprovado e o preço do terreno valorizou bastante, conforme José previu, valendo agora R$ 160 mil no mercado.

Valor de Mercado dos Terrenos: R$ 160 mil
Direito de compra: José exerce o direito de compra

José:
Compra por R$ 130 mil.
Vende a R$ 160 mil.
Ganha R$ 30 mil.
(-) R$ 10 mil do prêmio.
Lucro: R$ 20 mil.

Ana:
Vende a R$ 130 mil.
Comprou por R$ 100 mil.
Mantém: R$ 10 mil do prêmio.
Lucro: R$ 40 mil.

Vizinhos:
Venderam a R$ 160 mil.
Compraram por R$ 100 mil.
Lucro: R$ 60 mil.

Agora sim José exerce o direito de compra. Neste caso, a opção é exercida, mesmo com o terreno dela no valor de mercado de R$ 160 mil. Ana tem que o vender para José por R$ 130 mil, porque essa é a obrigação dela, conforme os termos do contrato.

Sendo assim, José irá comprar o terreno de Ana pelo preço acordado de R$ 130 mil e vender o mesmo terreno no mercado por R$ 160 mil. O lucro de José na compra e venda será de R$ 30 mil, mas ele também pagou R$ 10 mil pela opção de compra; logo, o lucro final de José é de R$ 20 mil.

Ana comprou o terreno por R$ 100 mil e teve que vender a José por R$ 130 mil, lucrando R$ 30 mil e ainda ficando com o prêmio de 10 mil, obtendo um lucro total de R$ 40 mil. Essa operação gerou a ela um retorno de 40% em seis meses, ou 80% anual.

Os vizinhos, no entanto, compraram o terreno por R$ 100 mil e venderam por R$ 160 mil, tendo um lucro de R$ 60 mil, retorno de 60% em seis meses ou 120% anualizado. Este é o único cenário no qual o desempenho de rendimento dos vizinhos, que não optaram pelo contrato de opção, supera o de Ana.

Mesmo assim, Ana obteve um excelente retorno neste cenário número três. É importante lembrar que o mercado nem sempre sobe; na verdade, têm três direções: para cima, para baixo e estagnado.

Ana obteve um bom resultado em todos os cenários, até mesmo no cenário número um, em que houve uma queda no preço do imóvel: ainda assim, o patrimônio total dela não foi afetado, pois a perda na desvalorização foi compensada pelo prêmio recebido com a venda da opção.

Vale lembrar que, porque Ana é detentora do ativo (terreno), não há risco de perda para ela com o uso do contrato de opção. O risco está sempre no bem adquirido (o terreno desvalorizar), e não na opção.

2.2   Mercado de Ações

Vamos aplicar o conceito agora do mercado de ações, neste exemplo, Ana comprou 100 ações da empresa XYZ a R$ 50 por ação, em um total de R$ 5 mil, e pretende vender essas ações por no mínimo R$ 52 cada.

Após uma semana e com boas notícias em relação à empresa XYZ, José fica interessado, pois ele acredita que essas ações podem valorizar bastante no próximo mês. Mas como está especulando e não quer investir o total de R$ 5 mil para comprar as 100 ações ou talvez não tenha todo esse valor disponível, ele novamente procura Ana para um acordo. Na vida real tudo é feito pelo home-broker da corretora e as pessoas não precisam se conhecer.

Então, José e Ana entram novamente em um contrato. Ana vende um contrato de opção para José, uma opção chamada call no mercado financeiro ou opção de compra, pelo preço de R$ 2 por opção, com cada opção equivalendo a uma ação. Como são 100 ações, o valor do contrato é de R$ 200, pois se refere a 100 opções subjacentes às 100 ações. O preço de compra ou de exercício é de R$ 52, este é o preço que Ana quer vender as ações, com prazo de vencimento de um mês.

Neste contrato, José tem um mês para decidir se exerce ou não a opção de compra das 100 ações, pelo preço pedido por Ana de R$ 52 por ação.

Além de Ana, outros investidores também compraram 100 ações da mesma empresa XYZ por R$ 50 cada ação, num total investido de R$ 5 mil, mas essas pessoas não estão interessadas em contrato de opções. Veja a seguir os termos do contrato;

Contrato de Opção ação XYZ - Equivalente a 100 ações.
Prêmio ou Depósito*: R$ 200 (valor unitário R$ 2 x100).*
Duração do contrato*: 1 mês.*
Preço de venda/exercício*: R$ 52 por ação (100 ações R$ 5.200).*

Vamos projetar três possíveis cenários após um mês. José tem até o final dos 30 dias para decidir se compra ou não as ações. Não importa qual a decisão de José, em qualquer um dos cenários, o prêmio de R$ 200 ficará com Ana.

❖ **Cenário 1 – Ação se desvaloriza.**

❖ **Cenário 2 – Ação se estagna.**

❖ **Cenário 3 – Ação se valoriza.**

Cenário 1 – Ação se desvaloriza.

Neste cenário, a ação tem um desempenho ruim e desvaloriza de R$ 50 para R$ 48. O valor total do patrimônio investido nas 100 ações cai para R$ 4.800.

Ações - Valor de Mercado: R$ 4.800.
Direito de compra: José não exerce o direito de compra a R$ 52 por ação.
José: Perde o valor investido no prêmio de R$ 200.
Ana: Mantém as ações a R$ 4.800 e fica com o prêmio de R$ 200.
Outros investidores: Mantém as ações a R$ 4.800.

Neste cenário, José não exerce o direito de comprar as ações por R$ 52, pois ele pode, no mercado, pagar mais barato, R$ 48 por ação. Ele, então, perde o prêmio de R$ 200 e a opção expira sem valor.

Ana viu o seu próprio investimento desvalorizar para o valor de R$ 4.800, mas como ela fica com o prêmio de R$ 200, pode, assim, manter o patrimônio total no valor total de R$ 5 mil. Além disso, ela obteve um rendimento de 4% em um mês ou de 48% anualizado. O cálculo do retorno é o prêmio de R$ 200 dividido pelo investimento inicial de R$ 5 mil e depois multiplicado por 100 para chegar à porcentagem. Ana agora pode vender outra opção no mês seguinte, fazendo caixa todo mês.

Ela está em uma situação muito melhor do que os outros investidores, que não usaram opções e viram o patrimônio deles desvalorizar de R$ 5 mil para um total de R$ 4.800, neste exemplo.

Cenário 2 – Ação se estagna.

Neste cenário, nada de interessante aconteceu no mercado, a ação da empresa XYZ ficou flutuando e fechou a R$ 51, uma valorização de R$ 1 por ação ao término de um mês.

Ações valor de Mercado: *R$ 5.100.*
Direito de compra: *José não exerce o direito de compra a R$ 52 por ação.*
José: *Perde o valor investido no prêmio de R$ 200.*
Ana: *Mantém as ações a R$ 5.100 e fica com o prêmio de R$ 200.*
Outros investidores: *Mantém as ações a R$ 5.100.*

Neste cenário, José novamente não exerce o direito de comprar as ações por R$ 52, pois ele pode pagar R$ 51 por ação no mercado, um valor mais barato. A leve valorização da ação de R$ 50 para R$ 51 não foi suficiente. Ele, então, perde novamente o prêmio de R$ 200 e a opção expira sem valor.

Ana, no entanto, fica com as ações, que agora valem R$ 51 cada, um valor total de R$ 5.100, e também fica com o prêmio recebido de R$ 200 reais, obtendo novamente um retorno de 4% em um mês ou 48% ao ano.

O seu patrimônio total passa a valer R$ 5.300 e ela pode agora vender outra opção no mercado. Que tal fazer isso todo mês? O patrimônio dos outros investidores aumentou para R$ 5.100.

Cenário 3 – Ação se valoriza.

Neste cenário, José estava correto na previsão e a ação da empresa XYZ valoriza, chegando ao valor de R$ 56 por ação.

Ações valor de Mercado: *R$ 5.600.*
Direito de compra: *José exerce o direito de compra a R$ 52 por ação.*

José:
Compra por R$ 5.200.
Vende a R$ 5.600.
Ganha R$ 400.
(-) R$ 200 prêmio.
Lucro: R$ 200.

Ana:
Comprou por R$ 5.000.
Vende a R$ 5.200.
Ganha R$ 200.
(+) R$ 200 prêmio.
Lucro: R$ 400.

Outros investidores:
Compraram por R$ 5.000.
Venderam a R$ 5.600.
Lucro: R$ 600.

Sendo assim, José irá exercer a opção de compra e Ana tem a obrigação de vender as ações dela pelo valor unitário de R$ 52 para José, mesmo com a ação no valor atual de mercado a R$ 56, pois esta é a obrigação dela, conforme os termos do contrato.

José, então, comprará cada ação por R$ 52 e venderá no mercado a R$ 56, fazendo um lucro de R$ 4 por ação, em um total de R$ 400 na compra e venda das ações. Ainda é necessário subtrair o valor de R$ 200 que José pagou pelo contrato de opção, restando, assim, um lucro de R$ 200 para ele.

Ana, no entanto, comprou as ações inicialmente pelo valor unitário de R$ 50 e agora vendeu a José por R$ 52, o que gera um lucro de R$ 2 por ação, multiplicado por 100, que é o número de ações; desse modo, o lucro é de R$ 200 e, com o adicional de R$ 200 do prêmio pago por José, ela obteve um lucro total de R$ 400.

Os outros investidores compraram as 100 ações pelo preço de R$ 50 por ação e venderam por R$ 56, sem utilizar o mercado de opções. Neste cenário, os outros investidores tiveram um lucro total de R$ 600, maior comparado com o lucro total de Ana, de R$ 400.

Como se diz no mercado financeiro, não há almoço de graça. Para ganhar algo, você tem que abrir mão de alguma outra coisa. Ana, para obter uma renda constante, não usufruiu da alta valorização das ações neste cenário. Este livro abordará também os melhores cenários para a aplicação dessa estratégia.

Apesar de ter um retorno menor neste cenário, Ana manteve um saldo positivo em todos os três cenários. Essa é a grande mensagem que eu pretendo passar com este livro. Como disse anteriormente, o mercado tem três direções: para cima, para baixo ou estagnado. O vendedor da call coberta beneficia-se em todos os cenários.

Vale lembrar novamente que, nesta estratégia, o risco está sempre no ativo (ação ou terreno, no exemplo anterior), se este desvalorizar muito. Não há risco com a venda da opção.

Importante! Vender a call sem ter a ação em carteira é uma estratégia de alto risco, chamada de venda a seco, e não é recomendada neste livro.

Veja no gráfico a seguir, na figura 1, uma representação visual de risco e ganho no ativo sem vender a call, e na figura 2, a ação com a venda da call coberta.

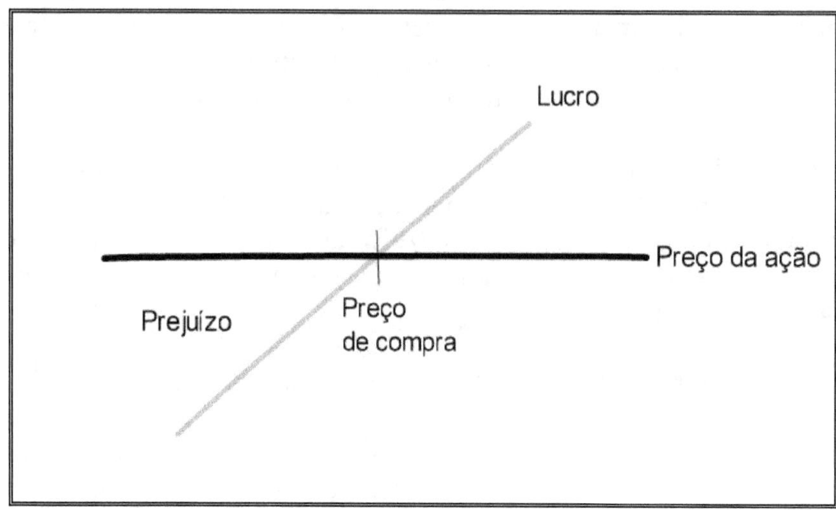

Figura 1. Gráfico somente a ação

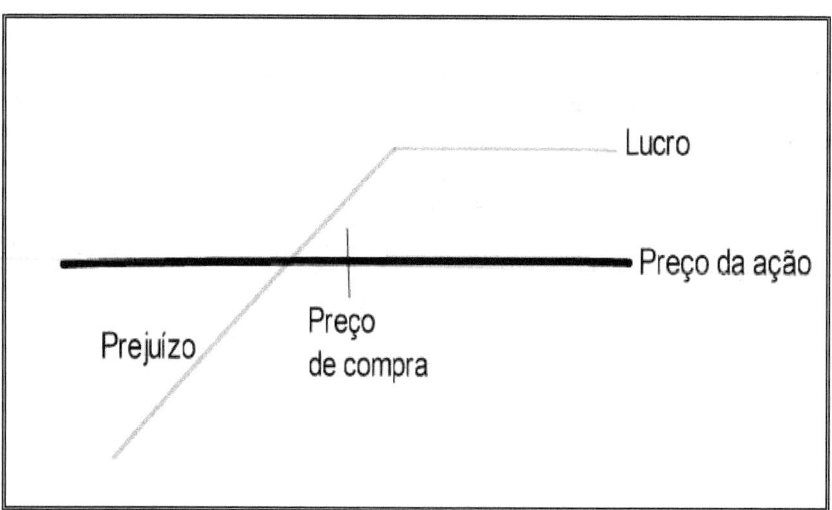

Figura 2- Gráfico da ação com a venda da call - Call Coberta

Perceba que, na figura 1, em que o investidor possui somente a ação, a linha de lucro não tem limite para cima em caso de valorização da ação.

Já na figura 2, o investidor tem um limite de ganho em caso de alta valorização. Entretanto, esse limite é compensado por um rendimento extra. Perceba que a linha, na figura 2, está mais abaixo do preço de compra na parte "prejuízo", o que representa, além de um rendimento extra, uma diminuição de risco.

2.3   Resumo do capítulo

❖ A venda da call é de risco zero se você já possui a ação. Mas a estratégia que é composta da ação e da venda da call não é uma estratégia sem risco, pois o risco está sempre no ativo (ação), sem ou com a opção.

❖ A estratégia de venda da call coberta fornece uma renda extra e diminui o risco, mas, em troca, limita o potencial de ganho em caso de uma alta expressiva no preço do ativo.

❖ Não é necessário dinheiro para vender a call se você já possui a ação. Na verdade, você está recebendo para vender a call, e não tem que desembolsar nada.

❖ Se você acredita que as ações que possui podem valorizar muito, a venda da opção call coberta não é aconselhável.

❖ Constitui em uma excelente estratégia para gerar renda e, ao mesmo tempo, reduzir risco.

3

Definições Elementares

Agora que você já entendeu como funcionam as opções, na seção a seguir, implementando a estratégia, vamos analisar mais exemplos, determinar o preço de exercício, gerenciar a posição, além de entender quando a estratégia é mais agressiva ou defensiva.

Mas, antes disso, algumas definições e características das opções precisam ser explicados. Irei descrevê-los de uma maneira simples e, ao mesmo tempo, fornecerei um guia com detalhes mais avançados, para que você tenha todas as informações de como gerenciar essa estratégia de forma mais efetiva.

Muitas pessoas compram opções, mas, como mencionado na introdução, com este livro você aprenderá a ser o vendedor de opção e entenderá como gerar renda e diminuir risco com a venda da opção de compra call; sendo assim, temos que saber como o preço das opções são calculados.

3.1   Definição: Opções de Ações

Uma opção de ação é um contrato em que o comprador da opção tem o direito, mas não a obrigação de comprar ou vender um determinado ativo subjacente à opção, como uma ação, ETF ou índice. No caso da call direito de compra e no caso da put direito de venda, pelo preço fixo estabelecido no contrato (preço de exercício), por um determinado período de tempo, quando o contrato expira (vencimento).

O comprador também é chamado de **titular**. Já o vendedor, aquele que recebe o prêmio, não tem direitos, e sim a obrigação de se comprometer com os termos do contrato, também pode ser chamado de **lançador**. Neste livro, vamos trabalhar com a opção de compra call, em que seremos o lançador ou o vendedor, que é aquele que recebe um prêmio para vender o direito a alguém de comprar nossas ações, a um determinado preço de exercício, dentro de um determinado tempo.

Prêmio é o valor pago pelo comprador ao vendedor. **Preço de exercício** é o preço acordado entre ambas as partes, pelo qual o comprador pode ou não exercer o direito de compra. No final do livro, explicarei um pouco sobre a opção de venda put, mas esta não faz parte da nossa estratégia.

3.2   Derivativo

O ativo-objeto ou subjacente é a mercadoria, bem ou papel em negociação, que pode ser uma ação, um ETF ou um índice. O contrato de opção não existe sem esses ativos. O preço da opção é influenciado pelo ativo subjacente e também deriva desse ativo, por isso, são classificadas como derivativos; por exemplo, se o preço da ação sobe, o valor da opção call também aumenta e o da opção put diminui, e vice-versa.

3.3 Opção de Compra Call

Se a ação sobe de preço, a opção call também valoriza, e, se a ação desvaloriza, o mesmo ocorre com a opção. O que leva as pessoas a comprarem opções é a chance de um alto retorno, com um pequeno investimento inicial.

Vamos rever o exemplo do começo do livro, no caso da compra da ação XYZ, no cenário 3, em que José estava certo e a ação valoriza, chegando ao valor de R$ 56.

Vamos analisar somente o comprador José. Entretanto, antes de partirmos para a análise, é importante que eu faça um comentário a respeito de algo que eu ainda não havia mencionado: José, além de exercer a opção de compra, também pode vender o contrato de opção de volta (revender), que agora vale R$ 400, para outra pessoa no mercado. O valor de R$ 400 é a diferença entre o preço de exercício de R$ 52 e o valor atual da ação R$ 56.

Veja, a seguir, o exemplo anterior onde José exerce o direito de compra e depois vende a ação XYZ, no cenário 3, e a alternativa de revender o contrato de opção.

Exercer o direito de compra:
Ações valor de Mercado*: R$ 5.600.*
Direito de compra*: José exerce o direito de compra a R$ 52 por ação.*
Compra por: *R$ 5.200.*
Vende a*: R$ 5.600.*
Ganha*: R$ 400.*
(-) R$ 200 prêmio.
Lucro*: R$ 200.*

Alternativa de revender o contrato de opção:
José revende o contrato de opção no mercado.
Comprou por*: R$ 200.*
Vende a R$ 400.

Lucro*: R$ 200.*

Neste caso, José opta por revender o contrato de opção no mercado. Ele inicialmente pagou R$ 200 e revende no mercado por R$ 400. Perceba que, ao decidir por não exercer o direito que ele tem de compra, conforme os termos do contrato de opção, José também não precisa desembolsar os R$ 5.200 para comprar e vender as ações. Ele obteve o mesmo lucro de R$ 200 e desembolsou somente R$ 200.

Isso é o que atrai pessoas a comprarem opções: um alto retorno com um pequeno investimento. Mas a ação tem que subir consideravelmente antes que o contrato expire, fazendo com que essa probabilidade de lucro para o comprador se torne baixa. Por isso, mais uma vez, optamos por ser como Ana e vendermos a opção call coberta, ao invés de comprar opções.

3.4   Dia de Vencimento ou Dia de Exercício

Diferentemente das ações de uma empresa, em que é possível mantê-las para a vida toda, desde que a empresa não vá à falência, as opções vão perdendo vida com o passar do tempo, até deixarem de existir e simplesmente desaparecerem. Por isso, neste livro eu ensino o investidor a ser um vendedor de opção de compra e a aproveitar o fato de que esse produto (opções) se corrói com o passar do tempo.

Dia de vencimento é o último dia de vida da opção. Depois desse dia ela deixa de existir e desaparece completamente da lista de opções na bolsa de valores. Para o titular ou comprador da opção, esse é o último dia para ele exercer o direito de compra, no caso da call, e de venda, para o comprador da put. Atualmente, na Bovespa, há as seguintes datas:

❖ **Meses de vencimento:** todos os meses do ano.

❖ **Vencimento**: na 3.ª segunda-feira de cada mês. Em caso de feriado ou por qualquer outro motivo em que a sessão de negociação não esteja aberta, o vencimento será na data da próxima sessão.

❖ **Último dia de negociação do contrato de opção**: um dia antes do vencimento. Ou seja, o dia de sessão de negociação imediatamente anterior à data de vencimento.

A partir de maio de 2021, haverá algumas mudanças nessas datas, conforme divulgado no site da B3, a bolsa de valores. A data de vencimento passará a ser na 3.ª sexta-feira de cada mês e a opção poderá ser negociada até o dia do vencimento, e não mais até um dia anterior ao vencimento. As novas datas ficarão da seguinte forma:

❖ **Meses de vencimento**: todos os meses do ano.

❖ **Vencimento**: na 3.ª sexta-feira de cada mês. Em caso de feriado ou por qualquer outro motivo em que a sessão de negociação não esteja aberta, o vencimento será na data da próxima sessão.

❖ **Último dia de negociação do contrato de opção**: até a data de vencimento.

3.5   Quantidade Padrão

As opções são comercializadas somente em contratos de no mínimo 100 unidades, e cada unidade equivale a uma ação (ativo). Ou seja, para vender um contrato de opção, você terá que ter em carteira no mínimo 100 ações do ativo subjacente.

1 contrato de opção = 100 ações

Quantidade de contratos	Quantidade necessária de ações
1	100
2	200
3	300

Tabela 1. Quantidade Padrão

As opções são cotadas em valores unitários; então, quando uma opção é comercializada por R$ 1, o valor total do contrato será R$ 100 (100 x R$ 1). Se, por exemplo, você possui 250 ações da Petrobrás, você poderá vender 2 contratos de opções, que equivalem a 200 ações. Para cada 100 quantidades de um ativo, é possível vender um contrato de opção.

3.6   Preço de Exercício e o Prêmio

Preço de exercício é o preço escolhido pelo vendedor e pelo comprador no contrato de opção. A bolsa de valores disponibiliza vários preços de exercício para que os investidores possam adotar variadas estratégias com opções.

No exemplo em que Ana possuía 100 ações da empresa XYZ, ela adquiriu cada ação por R$ 50 e aceitou a opção com um prêmio de R$ 2 por ação, para vender as ações pelo preço de exercício de R$ 52 a José, dentro do prazo de um mês.

Agora, imagine o mesmo cenário citado – o preço da ação no mercado seria também R$ 50, o tempo de contrato também continua o mesmo e expira em um mês –, mas, desta vez, Ana decide mudar somente o preço de exercício, de R$ 52 para R$ 60.

Será que José pagaria pelo contrato (prêmio) o mesmo valor de R$ 2 por ação? Claro que não. Neste caso, com o preço de exercício a R$ 60, o prêmio seria bem menor, por volta de uns R$ 0,10 por ação, porque as chances do ativo chegar a R$ 60 em um mês são muito baixas.

E se o preço de exercício fosse R$ 48? Com a ação a R$ 50, esse preço de exercício teria um prêmio muito mais alto, talvez R$ 3,50.

Simulação com a ação XYZ no valor de R$ 50.

Preço Exercício	Delta	Prêmio
R$ 50	0,50	R$ 3
R$ 52	0,40	R$ 2
R$ 56	0,20	R$ 1
R$ 60	0,04	R$ 0,10

Tabela 2. Preço de exercício e o prêmio

Quanto mais distante, mais fora do dinheiro, o preço de exercício da opção call está em relação ao valor da ação, menor é o prêmio da opção, pois quanto mais distante, menor é a chance ou a probabilidade de esse preço ser alcançado.

3.7 Opções Europeias vs. Americanas

O termo acima não se refere à geografia de onde as opções são negociadas. Tanto os Estados Unidos como a Europa operam os dois estilos, que se referem apenas a quando a opção pode ser exercida.

As opções do tipo europeia só podem ser exercidas na data de vencimento, o que é melhor para o vendedor e pior para o comprador, pois, se este decidir exercer o direito de compra, terá que esperar até o último dia do contrato de opção, ou seja, até o dia do vencimento. Se restam quarenta dias até o fim do contrato, o comprador tem que esperar até o último dia para exercer o direito de compra.

Já as opções americanas podem ser exercidas desde o dia útil seguinte (D+1) da sua aquisição até o último dia ou vencimento do contrato. Se for um contrato de quarenta dias, o comprador tem praticamente todo o período do contrato para decidir.

Entretanto, na prática, isso não acontece. Por exemplo, se você comprou uma opção que vence em 40 dias, o preço pago pela opção não importa neste cenário. Vamos supor que o preço de exercício da sua opção de compra é R$ 40 e, após 10 dias, a ação valoriza e está cotada a R$ 45. Se você exercer o direito de compra, ganhará R$ 5 por opção (R$ 45 - R$ 40), que é a diferença entre o preço do ativo e o preço de exercício da opção, que é o valor intrínseco.

Mas, como ainda restam 30 dias antes do vencimento, a opção teria um valor total de R$ 6,50. Isso porque a opção está dentro do dinheiro e tem valor intrínseco de R$ 5 e extrínseco de R$ 1,50. Lembrando que valor extrínseco é o mesmo que time value ou tempo, que neste exemplo são 30 dias. Se você exercer a opção, é como jogar esse valor de R$ 1,50 por ação no lixo. Neste exemplo, para o comprador da opção, seria melhor vender de volta esse contrato no mercado por R$ 6,50.

Por esse motivo, a maioria das opções são exercidas na última semana ou no dia de vencimento, quando o tempo (time value) já decaiu bastante. Veja a seguir mais detalhes sobre valor intrínseco e extrínseco.

3.8   Valor Intrínseco e Extrínseco

O custo total ou prêmio de uma opção é composto pelo valor intrínseco e extrínseco, que se referem ao preço de exercício em relação ao valor do ativo.

O valor intrínseco é o valor tangível da opção quando o tempo acaba ou expira. Ou seja, é o valor que está dentro do dinheiro (ITM). Já o valor extrínseco se refere ao tempo (time value). A opção que expira em dois meses é mais cara do que a que expira em um mês, porque tem mais tempo. A volatilidade também influencia o valor extrínseco, pois se refere à alta ou baixa demanda pela compra da referente opção, o que consequentemente afeta o preço.

Se uma opção que expira hoje, neste exato momento ainda tem algum valor, este é o valor intrínseco, pois o tempo já acabou. O valor intrínseco é o que está dentro do dinheiro ou in-the-money. Isso quer dizer que, quando uma opção expira, ela vale somente o valor dentro do dinheiro. Se a opção que expira neste momento não vale nada, ou seja, vai virar pó, isto significa que o preço de exercício está fora do dinheiro.

Vejamos o seguinte exemplo, de uma ação que está no valor de R$ 30 e que tem as opções de compra A e B, que expiram em 30 dias, conforme a tabela 3, a seguir. Vamos analisar as opções desde o início dos 30 dias até o último dia de validade. Para explicar melhor este exemplo teórico, suponha que a ação permaneça no valor de R$ 30, durante todo o período.

Valor da ação: R$ 30.
Duração do contrato de opção: 30 dias.

Op.	Valor total	Tempo restante	Preço ação	Preço Exer.	ITM /OTM	Valor Intrín.	Valor Extrín.
A	R$ 3	30 dias	R$ 30	R$ 28	ITM	R$ 2	R$ 1
A	R$ 2,05	1 dia	R$ 30	R$ 28	ITM	R$ 2	R$ 0,05
A	R$ 2	Zero	R$ 30	R$ 28	ITM	R$ 2	R$ 00
B	R$ 1	30 dias	R$ 30	R$ 32	OTM	R$ 00	R$ 1
B	R$ 0,05	1 dia	R$ 30	R$ 32	OTM	R$ 00	R$ 0,05
B	R$ 00	Zero	R$ 30	R$ 32	OTM	R$ 00	R$ 00

Tabela 3. Valor Intrínseco e Extrínseco

Opção A — Preço de Exercício R$ 28

Como já mencionei, opções dentro do dinheiro têm valor intrínseco, que é calculado pelo preço do ativo menos o preço de exercício. O preço de exercício da opção A é R$ 28, por isso ela está dentro do dinheiro e tem valor intrínseco de R$ 2. Este valor é calculado pelo preço da ação menos o preço de exercício da opção (R$ 30 - R$ 28).

Com 30 dias até o vencimento, o valor total da opção está em R$ 3, que é composto pelo valor intrínseco de R$ 2, calculado acima, e pelo restante R$ 1, que é o valor extrínseco, referente ao tempo remanescente de 30 dias. Após o cálculo do valor intrínseco, o valor restante é sempre o valor extrínseco de tempo.

Faltando um dia para o vencimento, o custo total da opção é de R$ 2,05, composto pelo valor intrínseco de R$ 2 e pelo restante, que é o valor extrínseco de tempo de R$ 0,05. Com um dia para expirar, este valor de tempo é quase zero.

No dia seguinte, o contrato de opção expirou. Como a ação está cotada a R$ 30 e o preço de exercício é de R$ 28, o custo total da opção A no mercado é de R$ 2, composto somente pelo valor intrínseco.

Perceba que o valor extrínseco de tempo foi diminuindo a cada dia de R$ 1 para R$ 0,05 e desapareceu ou virou zero, restando somente o valor intrínseco de R$ 2. Toda opção, quando expira, vale somente o valor intrínseco: o valor extrínseco vai diminuindo com o passar do tempo, até virar zero.

Opção B — Preço de Exercício R$ 32

Como a ação está cotada a R$ 30, o preço de exercício de R$ 32 está fora do dinheiro. Opções fora do dinheiro não têm valor intrínseco, por isso o valor extrínseco representa o custo total da opção. Neste caso, o valor extrínseco é de R$ 1, que é o preço total desta opção.

Com 30 dias antes do vencimento, a opção vale R$ 1; a um dia antes de expirar, o valor é de R$ 0,05; até virar pó, após o vencimento.

No caso da opção B, no último dia antes do vencimento, mesmo fora do dinheiro, ela ainda pode valer alguns centavos, como neste exemplo R$ 0,05. Se a volatilidade aumentar, o valor dessa opção aumenta, e aumento de preço não é bom para o vendedor.

Mas, após o vencimento, se a cotação da ação estiver abaixo do preço de exercício de R$ 32, a opção virará pó de qualquer forma, porque todo o tempo expirou e esta opção não tem valor intrínseco.

Como mencionei anteriormente, no vencimento as opções somente têm algum valor se o preço de exercício estiver dentro do dinheiro. Para a opção B ter algum valor, o preço da ação (ativo) deveria valorizar e estar acima de R$ 32, que é o preço de exercício da opção.

3.9 Dentro do Dinheiro, No Dinheiro e Fora do Dinheiro

Outros termos do inglês, muito usado no mercado de opções, são in-the-money (dentro do dinheiro), at-the-money (no dinheiro) e out-of-the-money (fora do dinheiro).

Termo em Inglês	Termo em Português
In-The-Money (ITM)	Dentro do dinheiro
At-The-Money (ATM)	No dinheiro
Out-Of-The-Money (OTM)	Fora do dinheiro

❖ Opção de compra call - Dentro do dinheiro ou In-The-Money (ITM). O preço de exercício da opção é inferior ao do ativo (ação).

❖ Opção de compra call - No dinheiro ou At-The-Money (ATM). O preço de exercício da opção é igual ou próximo ao preço do ativo.

❖ Opção de compra call - Fora do dinheiro ou Out-Of-The-Money (OTM). O preço de exercício da opção é superior ao preço do ativo.

Veja na figura 3, a grade de opções da empresa Petrobras, a PETR4, que, na data da nossa análise, 01/11/2019, estava cotada a R$ 30,43 por ação.

Ticker	FM	Tipo	Mod.	A/I/OTM	Strike	Distância % do Strike
PETRL299		CALL	A	ITM	28,98	-4,77
PETRL3		CALL	E	ITM	29,23	-3,94
PETRL30		CALL	A	ITM	29,48	-3,12
PETRL305		CALL	E	ITM	29,73	-2,30
PETRL302		CALL	A	ITM	29,98	-1,48
PETRL304		CALL	E	ATM	30,23	-0,66
PETRL307		CALL	A	ATM	30,48	+0,16
PETRL315		CALL	E	ATM	30,73	+0,99
PETRL311		CALL	A	OTM	30,98	+1,81
PETRL81		CALL	E	OTM	31,23	+2,63
PETRL317		CALL	A	OTM	31,48	+3,45
PETRL32		CALL	E	OTM	31,73	+4,27

Figura 3. Opções da Petrobras-PETR4 a R$ 30,43. Fonte: opcoes.net.br

O termo em inglês strike significa preço de exercício. Como o valor da ação é de R$ 30,43, temos as seguintes classificações para as opções na figura 3:

Entre os diversos preços de exercício na coluna strike, os valores de R$ 28,98 até R$ 29,98 estão abaixo do preço da ação; por isso, eles estão dentro do dinheiro ou in-the-money (ITM), termo em inglês.

Os valores strike ou preço de exercício de R$ 30,23 até R$ 30,73 estão bem próximos ao preço da ação; por isso, são classificados como no dinheiro ou, no termo em inglês, at-the-money (ATM).

Os preços de exercício ou strike de R$ 30,98 e acima deste valor são maiores do que o preço da ação; por isso, estão fora do dinheiro ou out-of-the-money (OTM).

Para exemplificar o que acontece na prática, vamos escolher três opções da figura 3, sendo uma dentro do dinheiro (ITM), uma no dinheiro (ATM) e outra fora do dinheiro (OTM). Imagine que elas vencem em 30 dias.

❖ PETRL305 - ITM- preço de exercício R$ 29,73

❖ PETRL307- ATM- preço de exercício R$ 30,48

❖ PETRL81 - OTM - preço de exercício R$ 31,23

Agora, imagine que os 30 dias se passaram e que a ação desvalorizou um pouco, custando, no momento, R$ 30. O contrato expirou e o seguinte ocorrerá com as opções:

PETRL305 - expirou dentro do dinheiro, porque o preço de exercício é R$ 29,73, que é inferior à cotação da ação. Com a ação a R$ 30, esta opção ainda tem o valor intrínseco de R$ 0,17 (R$ 30 - R$ 29,73).

Com a ação no valor de R$ 30, as outras duas opções, com os preços de exercício de R$ 30,48 e R$ 31,23, estão fora do dinheiro. Como o tempo passou, elas expiraram e simplesmente desapareceram, não valendo mais nada, porque não há valor intrínseco.

3.10 Escolher a Call a Ser Vendida

É importante lembrar novamente que quanto mais longe do dinheiro está o preço de exercício escolhido, mais barata será a opção de compra call, porque o ativo subjacente tem menos chance de alcançar aquele valor fora do dinheiro.

Na hora de implementar a estratégia da venda da call coberta, o investidor tem que escolher o preço de exercício, que pode ser dentro do dinheiro (ITM), no dinheiro (ATM) ou fora do dinheiro (OTM).

Dentro do dinheiro (ITM) é uma estratégia mais conservadora, porque o prêmio proveniente deste preço de exercício é de maior valor, o que ajuda a reduzir o custo médio da ação e, consequentemente, reduz a perda em caso de uma queda na cotação do ativo.

Na opção dentro do dinheiro (ITM), o investidor perde na compra e venda da ação, pois esta é vendida por um valor menor do que o preço de compra. Em compensação, ele ganha um alto valor no prêmio, que compensa a perda na compra e venda da ação.

No dinheiro (ATM) é uma estratégia mais moderada. A opção no dinheiro é também a opção que tem mais valor extrínseco. Ao vender a call coberta com a opção no dinheiro, não se ganha com a valorização da ação, pois esta será vendida por um valor próximo ao do que foi inicialmente adquirida.

Fora do dinheiro (OTM) é uma estratégia mais otimista e mais agressiva, ou, como se diz no mercado, mais bullish. Como o preço de exercício está fora do dinheiro, o prêmio pago é menor, o que oferece menos proteção em caso de queda na cotação do ativo, pois a redução do preço médio de compra é menor. Entretanto, quando a ação (ativo) valoriza, ganha-se com a valorização e com o prêmio recebido pela venda da opção. Tudo isso, claro, se a ação realmente subir.

A estratégia de vender opções fora do dinheiro é para o investidor que está otimista e que espera a valorização da ação, seja baseado em análise fundamental, em análise técnica ou em recomendação de casas de análises.

A figura 4, a seguir, mostra a cadeia de opções do banco Itaú a ITUB4. O acesso aos dados foi feito no dia 07/11/2019 e o preço da ação no dia era de R$ 36,82.

As opções vencem ou expiram no dia 16/12/2019. Perceba que há três opções:

- ❖ ITUBL358 - ITM (dentro do dinheiro).

- ❖ ITUBL367 - ATM (no dinheiro).

- ❖ ITUBL37 - OTM (fora do dinheiro).

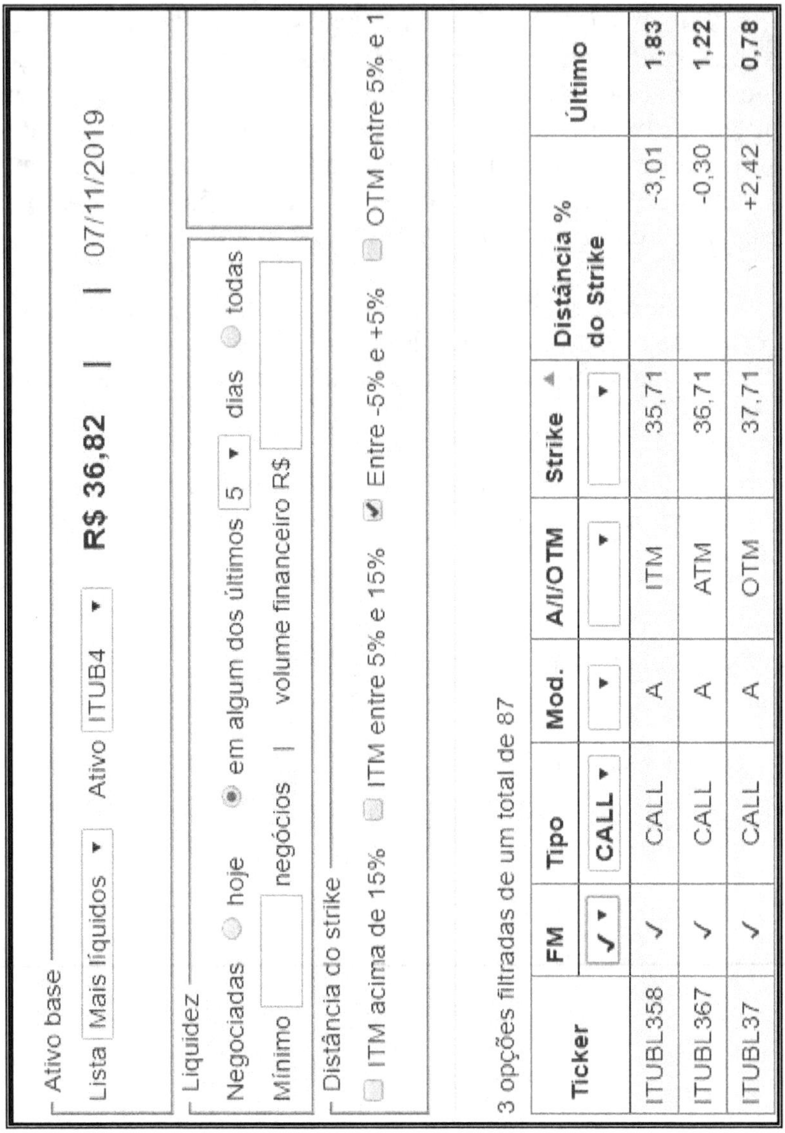

Ticker	FM	Tipo	Mod.	A/I/OTM	Strike ▲	Distância % do Strike	Último
	✓ ▼	CALL ▼	▼	▼	▼		
ITUBL358	✓	CALL	A	ITM	35,71	-3,01	1,83
ITUBL367	✓	CALL	A	ATM	36,71	-0,30	1,22
ITUBL37	✓	CALL	A	OTM	37,71	+2,42	0,78

Figura 4.Cadeia de opções ITUB4 - Fonte Opcoes.net.br

3.10.1 Dentro do Dinheiro ou In-The-Money (ITM)

Vamos fazer uma análise utilizando a venda de uma opção dentro do dinheiro (ITM).

Preço da ação: R$ 36,82.
Preço de exercício (strike): R$ 35,71.

Se você comprar 100 ações do banco Itaú a ITUB4, por R$ 36,82 por ação e escolher vender a opção call com o preço de exercício R$ 35,71 (código da opção ITUBL358), dados da figura 4, você receberá, por essa venda, o valor na coluna último de R$ 1,83 ou R$ 183, equivalente a 100 ações.

Perceba que a opção está dentro do dinheiro, porque o preço de exercício ou strike é inferior ao valor da ação.

Ativo valoriza — Lucro máximo.

Se, no dia de vencimento do contrato de opção, a ação tiver valorizado de R$ 36,82 para R$ 38, por exemplo, você não lucrará nada com essa valorização; na verdade, irá perder, pois o dono ou dona da opção exercerá o direito de compra e você terá que vender suas ações por R$ 35,71 cada, um preço inferior ao seu valor de aquisição.

Perceba que você, investidor, perde na venda do ativo (-) R$ 1,11; pois a ação foi comprada a R$ 36,82 e vendida por R$ 35,71, que é o preço de exercício. Mas o prêmio que você recebeu, de R$ 1,83, é o maior entre as três opções listadas na figura 4, porque esta opção está dentro do dinheiro. O resultado final é um saldo positivo de R$ 0,72 por ação (lucro máximo). Veja que o prêmio que você recebeu sofreu uma redução por causa da perda na venda da ação.

Ativo desvaloriza — Ponto de equilíbrio.

Por outro lado, se, no vencimento da opção, a ação sofrer uma queda de preço e estiver cotada abaixo do preço de exercício (R$ 35,71), você ficará com o valor total do prêmio de R$ 1,83.

Ponto de equilíbrio é o valor pago pela ação menos o prêmio recebido na venda da opção; então, R$ 36,82 menos os R$ 1,83 significa que, se a ação cair para R$ 34,99, uma queda de quase 5%, você não perderia nada do seu investimento inicial.

As contas acima foram feitas em valor unitário. Multiplicando tudo por 100, teremos o valor inicial total investido de R$ 3.682, que, com a desvalorização da ação para R$ 34,99, passou a valer R$ 3,499. Mas, como no vencimento a ação fechou abaixo do preço de exercício (R$ 35,71), a opção expirou sem valor e você, consequentemente, fica com o prêmio de R$ 183. Sendo assim, o seu patrimônio total volta a valer R$ 3.682.

Vender a call coberta dentro do dinheiro é como a compra de um seguro, mas que foi pago por outra pessoa – o comprador da call. O único fator negativo é que essa estratégia elimina o potencial de ganho com a valorização da ação.

Ativo desvaloriza (ponto de equilíbrio)
R$ 34,99

Ativo valoriza (lucro máximo)
R$ 0,72 por ação

Dentro do dinheiro — Vantagens.

❖ Maior proteção em caso de queda no preço do ativo.

❖ Maior redução do preço de compra do ativo.

Dentro do dinheiro — Desvantagens.

❖ Menor retorno em caso de valorização do ativo.

❖ O investidor perde na venda do ativo em caso de valorização.

3.10.2 Fora do Dinheiro ou Out-Of-the-Money (OTM)

Agora, a análise será feita utilizando a venda da opção fora do dinheiro (OTM), dados na figura 4.

Preço da ação: R$ 36,82

Preço de exercício (strike): R$ 37,71

Se você comprar as 100 ações do banco Itaú a ITUB4 por R$ 36,82 por ação e, desta vez, escolhe vender a call no preço de exercício R$ 37,71 (código da opção ITUBL37), neste caso você venderá uma opção que está fora do dinheiro, porque o preço de exercício ou strike é superior ao valor da ação.

Ativo valoriza — Lucro máximo.

Você receberá por essa venda o prêmio de R$ 0,78. Se, no dia de vencimento do contrato de opção, a ação estiver valorizada, de R$ 36,82 para R$ 38, agora, sim, você lucrará com a valorização e também com o prêmio recebido, pois a dona ou dono da opção exercerá o direito de compra e você terá que vender as ações por R$ 37,71 cada.

Sendo assim, como você pagou R$ 36,82 por ação e terá um lucro unitário na venda de (+) R$ 0,89, além de também ficar com o prêmio que recebeu, de R$ 0,78, então fechará a conta com um lucro total de R$ 1,67 por ação.

Os R$ 0,78 de prêmio recebido consistem em 100% de valor extrínseco (tempo) e zero de valor intrínseco, porque o preço de exercício estava fora do dinheiro.

Ativo desvaloriza — Ponto de equilíbrio.

Já no caso de desvalorização, se no vencimento a ação ficar abaixo de R$ 37,71, que é o preço de exercício, você ficará com o valor total do prêmio de R$ 0,78. Novamente, o ponto de equilíbrio é o valor pago pela ação menos o prêmio recebido pela opção; logo, R$ 36,82 menos R$ 0,78 é igual a R$ 36,04. Isso significa que, se a ação desvalorizar até R$ 36,04, você não perderá nada do seu investimento inicial.

Ativo desvaloriza — Ponto de equilíbrio.
R$ 36,04

Ativo valoriza — Lucro máximo.
R$ 1,67 por ação

Fora do dinheiro — Vantagens.

- ❖ Ganha com a valorização da ação e com o prêmio recebido.

- ❖ Menor chance de ser exercido, ou seja, maior a probabilidade de a ação continuar com você.

- ❖ Tempo trabalha a seu favor.

Fora do dinheiro — Desvantagens.

- ❖ Menos proteção.

- ❖ Prêmio recebido é menor.

3.10.3 Dentro do Dinheiro vs Fora do Dinheiro

Veja a seguir a comparação das duas opções;

Dentro do dinheiro - ITM

Preço de exercício (opção): R$ 35,71
Preço da ação: R$ 36,82
Ponto de Equilíbrio: R$ 34,99
Lucro Máximo: R$ 0,72

Fora do dinheiro - OTM

Preço de exercício (opção): R$ 37,71
Preço da ação: R$ 36,82
Ponto de Equilíbrio: R$ 36,04
Lucro Máximo: R$ 1,67

Perceba que, no exemplo dentro do dinheiro (ITM), em caso de queda, o ponto de equilíbrio é maior. Se a ação desvalorizar até R$ 34,99, não há perdas no investimento inicial; por isso, ITM é uma estratégia mais defensiva.

A opção fora do dinheiro (OTM) tem um ponto de equilíbrio menor, de R$ 36,04. Se a ação cair abaixo deste valor, haverá prejuízo.

Em caso de valorização, a opção fora do dinheiro (OTM) se sai melhor, pois o ganho total, de R$ 1,67 por ação, é maior, e se refere a um ganho na valorização da ação com a adição do prêmio recebido. Já quanto à opção dentro do dinheiro (ITM), no caso de alta, o lucro máximo é de R$ 0,72 por ação.

A escolha do preço de exercício dependerá do seu sentimento em relação ao ativo. Se for uma ação que deseja manter em carteira, talvez uma opção fora do dinheiro seja a melhor escolha. Se for um papel que você não está muito otimista, talvez seja melhor vender a call no dinheiro, porque lhe dará uma maior proteção em caso de queda no preço.

3.11 As Gregas – The Greeks

As nomenclaturas abaixo são chamadas de gregas porque elas se referem às letras gregas, com exceção do vega, que não é uma letra grega, mas faz parte da métrica grega. Elas são usadas para precificar e entender a dimensão dos riscos das opções. As gregas mais usadas são: delta, theta e o vega que serão discutidos abaixo. E há também gama e rho, que serão mencionados no final do livro.

Além do preço de exercício, o tempo de validade e a volatilidade são os principais agentes que influenciam os preços das opções. Outros fatores menos importantes são a taxa de juros e os dividendos. As gregas influenciam o preço das opções, mas não podemos esquecer que o valor do ativo é também um fator importante na precificação.

Preço do Ativo (ação)	Preço da Opção Call
Preço da ação aumenta	Valor da call aumenta
Preço da ação diminui	Valor da call diminui

Tabela 4. Preço da Ação vs Preço da Opção Call.

3.11.1   Delta

O delta (Δ), além de outras funções, mede a chance de uma opção alcançar o preço de exercício e valer pelo menos um centavo até a data de vencimento da opção. Por exemplo, um delta de 0,10 significa que a opção tem uma probabilidade próxima de 10% de terminar dentro do dinheiro até o vencimento, 0,20 significa 20%, e assim por diante.

A tabela 5, a seguir, mostra que quanto mais longe ou fora do dinheiro estiver a opção, menor é o delta e, por isso, menor é a chance do ativo de alcançar aquele preço de exercício até o vencimento da opção. Veja que a chance do preço de exercício R$ 60 valer pelo menos um centavo até o vencimento da opção é de 4%. Pode-se também ler ao contrário e dizer que essa opção tem 96% chance de expirar sem valor, até o final do período de 30 dias.

O delta também mede a taxa em que o preço da opção pode mudar, em relação à variação no preço do ativo. Por exemplo, uma opção com delta 0,50 significa que, se a ação sobe R$ 1, o preço da opção vai subir R$ 0,50. Se o delta é de 0,40 e a ação valoriza R$ 1, o preço da opção valorizaria em R$ 0,40, e assim por diante.

Empresa XYZ: R$ 50 por ação
Vencimento da opção: 30 dias

Preço de Exercício	Delta	Prêmio
R$ 50	0,50	R$ 3,00
R$ 52	0,40	R$ 2,00
R$ 56	0,20	R$ 1,00
R$ 60	0,04	R$ 0,10

Tabela 5. Delta

3.11.2   Vega e Volatilidade

O vega é uma métrica que indica como o preço da opção será afetado por cada aumento ou diminuição na volatilidade. O importante aqui é entender que a volatilidade aumenta quando há uma alta demanda pelas opções e que diminui com a queda na demanda.

Volatilidade	Valor da opção
Aumenta	Aumenta
Diminui	Diminui

Tabela 6. Vega e Volatilidade

A volatilidade é a variação brusca na demanda das opções, tanto na opção de compra call como na opção de venda put, ou seja, a lei da oferta e da procura na compra e venda de opções. Seja em um ambiente de pessimismo ou otimismo, como, por exemplo, nas datas de divulgação de resultados das empresas, notícias (curto período), guerras e eventos políticos. Em caso de otimismo, normalmente aumenta a demanda por opção de compra call, porque esta opção é usada para especular com uma possível alta nos papéis (ativos). Já em caso de pessimismo, aumenta a demanda de opção de venda put. A put é como um seguro contra a desvalorização de um ativo, e investidores temerosos pagam por esse seguro, para evitar perdas.

Alguns especuladores compram tanto puts como calls para especular, no caso de alta ou baixa no preço das ações. Na prática, durante esses eventos, o preço das opções (call e put) podem triplicar ou quadruplicar: isso é a alta volatilidade implícita. Após esses eventos, a demanda por opções diminui e, com isso, diminui também a volatilidade.

3.11.3   Theta (Time/Tempo)

O theta é um número negativo que representa, na teoria, o valor esperado a respeito do qual a opção irá desvalorizar com o passar de um único dia. Imagine uma opção fora do dinheiro que expira em 30 dias. Agora imagine, teoricamente, que os 30 dias se passaram e que a ação continua o mesmo valor. Isso significa que a opção expirou fora do dinheiro, sem nenhum valor, como vimos na seção sobre valor intrínseco e valor extrínseco.

O número do theta mostra o quanto essa opção perde de valor a cada dia. Por exemplo, um theta de -0,20 significa que a opção irá perder o valor de R$ 0,20 a cada dia, teoricamente, isso se o ativo não mudar de preço até o vencimento. Veja as opções A e B, a seguir, o valor que elas perdem após um dia. O valor dessa desvalorização é referente ao theta.

Opção A
Preço da opção hoje: R$ 2,50
Theta: -0,30
Preço da opção após um dia: R$ 2,20

Opção B
Preço da opção hoje: R$ 1,20
Theta: -0,05
Preço da opção após um dia: R$ 1,15

Vale lembrar que o theta (tempo) é amigo do vendedor de opções. Quando você vende uma opção, o theta torna-se positivo. Quanto mais o tempo passa, mais a opção perde valor, e você pode comprá-la de volta mais barato.

Já para o comprador da opção, o theta é inimigo. A partir do momento em que você compra uma opção, o tempo começa a correr contra você, até a opção virar pó. Se a ação não mover na direção que você previu, todo o dinheiro investido será perdido; por isso, o comprador tem um theta negativo.

3.11.4   Corrosão de Valor em Relação ao Tempo – Time Decay

O theta não é um valor fixo ou linear, conhecido também como theta decay, time decay ou corrosão do valor extrínseco (tempo), que vai diminuindo devagar, mas o valor de corrosão, ou seja, o número theta começa a acelerar (aumentar) conforme o tempo passa: nos últimos 20 dias, o theta aumenta bastante e o valor da opção começa a despencar.

Por exemplo, a opção A mostrada anteriormente, tem o theta -0,30, o que faz com que a opção desvalorize R$ 0,30 por dia. Teoricamente se a ação não mudar de preço, após uma semana o theta pode aumentar para -0,40 e a opção estará perdendo R$ 0,40 por dia. Após um mês, o theta pode estar no valor de -0,70, o que faz com que a opção desvalorize R$ 0,70 por dia.

Ou seja, o theta aumenta com a passagem do tempo, o que faz o preço da opção desvalorizar mais rápido. Vale lembrar que opções muito dentro do dinheiro (ITM) tem pouco valor extrínseco e o theta não as afeta muito. O theta afeta bastante as opções no dinheiro (ATM).

Perceba, na figura 5, que de 120 para 90 dias, ou seja, após 30 dias, o preço da opção decaiu somente $ 5 ($ 300 - $ 295), e que de 90 para 60 dias, ou seja, após mais 30 dias, o preço decaiu em um valor bem maior de $ 10 ($ 295 - $ 285).

Veja que, conforme o tempo vai passando e menor é o tempo restante até a opção expirar, maior é a redução diária no preço da opção. De 45 para 30 dias, a desvalorização é de $ 50.

Este exemplo é apenas uma ilustração visual para melhor entender o time decay ou corrosão de valor da opção em relação ao tempo.

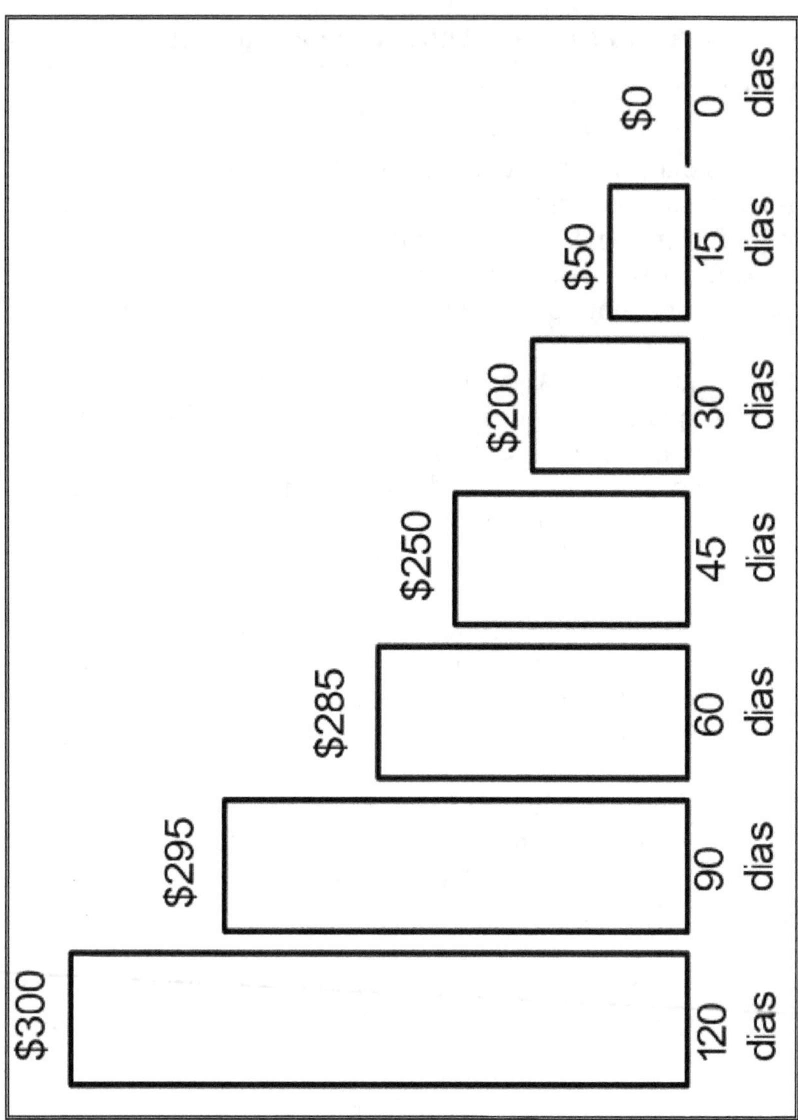

Figura 5.Dias restantes tempo vs Corrosão de valor da opção

O gráfico a seguir figura 6, feito pelo site My journey to millions, mostra o theta ou time decay e a corrosão do valor das opções em relação ao tempo.

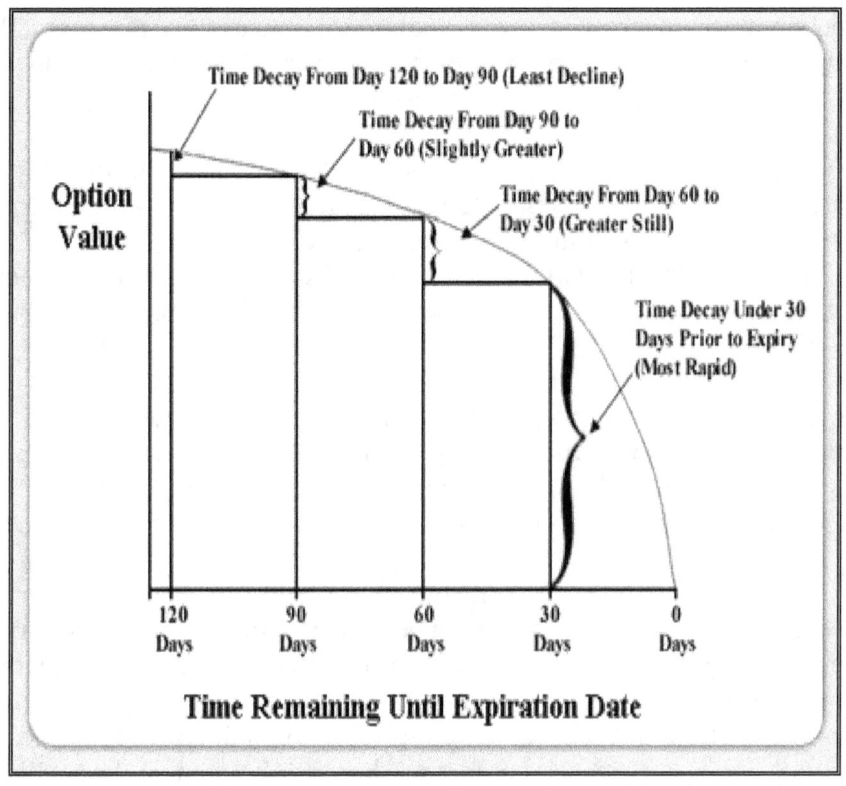

Figura 6. myjourneytomillions.com/articles/time-decay-love/

Os dias (days) da linha horizontal, na figura 6, referem-se ao tempo restante até as opções expirarem; a curva que forma um arco refere-se ao valor da opção. Perceba que a curva vem declinando de 120 dias até passar pelos 60 dias. Com 30 dias restantes, o theta aumenta muito e o valor das opções começa a despencar mais rápido.

3.12 Escolher a Data De Vencimento

Se contratarmos um seguro de carro, sabemos que, por quanto mais tempo contratamos esse serviço, mais caro pagaremos por isso. Por exemplo, um seguro de três meses é mais caro do que um seguro de dois meses.

Nas opções, o mesmo se aplica. Se vendermos uma call que expira (vence) em três meses, apesar de recebermos um bom prêmio, vamos dar muito tempo ao comprador; além disso, o nosso ativo também ficará muito tempo atrelado a essa opção. Mas se vendermos a opção que expirar em uma semana, o prêmio é muito baixo e não vale a pena o investimento.

Baseado na figura anterior 6 e em inúmeras pesquisas, como o estudo do time de pesquisa da Tastytrade, intitulado "Por que 45 dias antes de expirar é o número mágico? ", é recomendado vender opções com 45 dias restantes até o vencimento.

O número de 45 dias é conhecido no mundo das opções como o "sweet spot" para o vendedor de opções ou o "número açucarado", pois o valor da opção em relação ao tempo ainda é alto e logo começará a decair muito rapidamente – e devemos tirar proveito disso, porque temos a oportunidade de vender algo com um bom preço, que logo perderá valor e poderá ser comprado de volta bem mais barato. Não precisa ser um número fixo, mas é bom escolher um número próximo de 45 dias corridos até o vencimento: pode ser entre 60 e 30 dias.

Claro que isso é apenas um dos componentes (teórico) que calculam o valor das opções, mas nos fornece um guia, como um manual de instruções para operar com os números a nosso favor.

3.13 Códigos Usados na Bolsa de Valores

Algumas corretoras facilitam o processo operacional e não há necessidade de memorizar os códigos abaixo. Mas, na maioria delas, você terá que digitar o código da opção na boleta de compra ou venda, da mesma maneira que você opera quando compra ou vende ações.

Esses códigos são compostos de sete ou oito dígitos, em que os quatro primeiros referem-se ao código da ação ou ativo. Já o quinto dígito é uma letra que indica o mês de vencimento e também se a opção é uma call (opção de compra) ou uma put (opção de venda), conforme a tabela 7.

O resto dos dígitos são números, referentes ao preço de exercício e, às vezes, este número é exatamente igual ao preço de exercício da opção, embora outras vezes não o seja; por isso, há sempre a necessidade de checar antes de executar a ordem.

Mês	CALL	PUT
Janeiro	A	M
Fevereiro	B	N
Março	C	O
Abril	D	P
Maio	E	Q
Junho	F	R
Julho	G	S
Agosto	H	T
Setembro	I	U
Outubro	J	V
Novembro	K	X
Dezembro	L	Z

Tabela 7. Simbologia

Veja o exemplo a seguir da ação da Ambev, os dados foram coletados no dia 05 de novembro de 2019. O preço da ação estava R$ 17,33 e a data de vencimento das opções era dia 16 de dezembro de 2019.

Código da opção: ABEVL177
Ativo: ABEV
Tipo/Mês: Call / dezembro
Preço de Exercício: R$ 17,73

Código da opção: ABEVL182
Ativo: ABEV
Tipo/Mês: Call / dezembro
Preço de Exercício: R$ 17,98

Veja a linha, "código da opção", analisando a opção código ABEVL177. ABEV é referente à ação da empresa Ambev. A letra "L" é referente ao tipo de opção call que expira em dezembro. Os três últimos dígitos, 177, são referentes ao preço de exercício, um número bem próximo do preço de exercício da opção R$ 17,73.

Entretanto, veja o código da opção ABEVL182 na linha debaixo: o número 182, referente ao preço de exercício, é bem diferente do atual preço de exercício R$ 17,98. Por isso, é necessário fazer uma verificação antes de executar a operação.

3.14 Como Ler a Cadeia de Opções

Vamos usar todas as informações que vimos até agora para entendermos a cadeia de opções, que lista calls e puts com vários strikes que são os preços de exercícios, referente ao ativo subjacente, que pode ser ações, índices ou ETFs. É importante familiarizar-se com a cadeia de opções, para que o investidor possa escolher a melhor opção para vender, aquela que ofereça um bom prêmio em relação ao tempo do contrato.

Algumas corretoras oferecem essas informações somente se você contratar alguma das plataformas que eles disponibilizam. No site opcoes.net.br/opcoes/bovespa, é possível encontrar todas essas informações gratuitas, mas não em tempo real.

Para ter acesso à cotação em tempo real, basta copiar o código da opção e colar na boleta de compra e venda da corretora ou no book de ofertas.

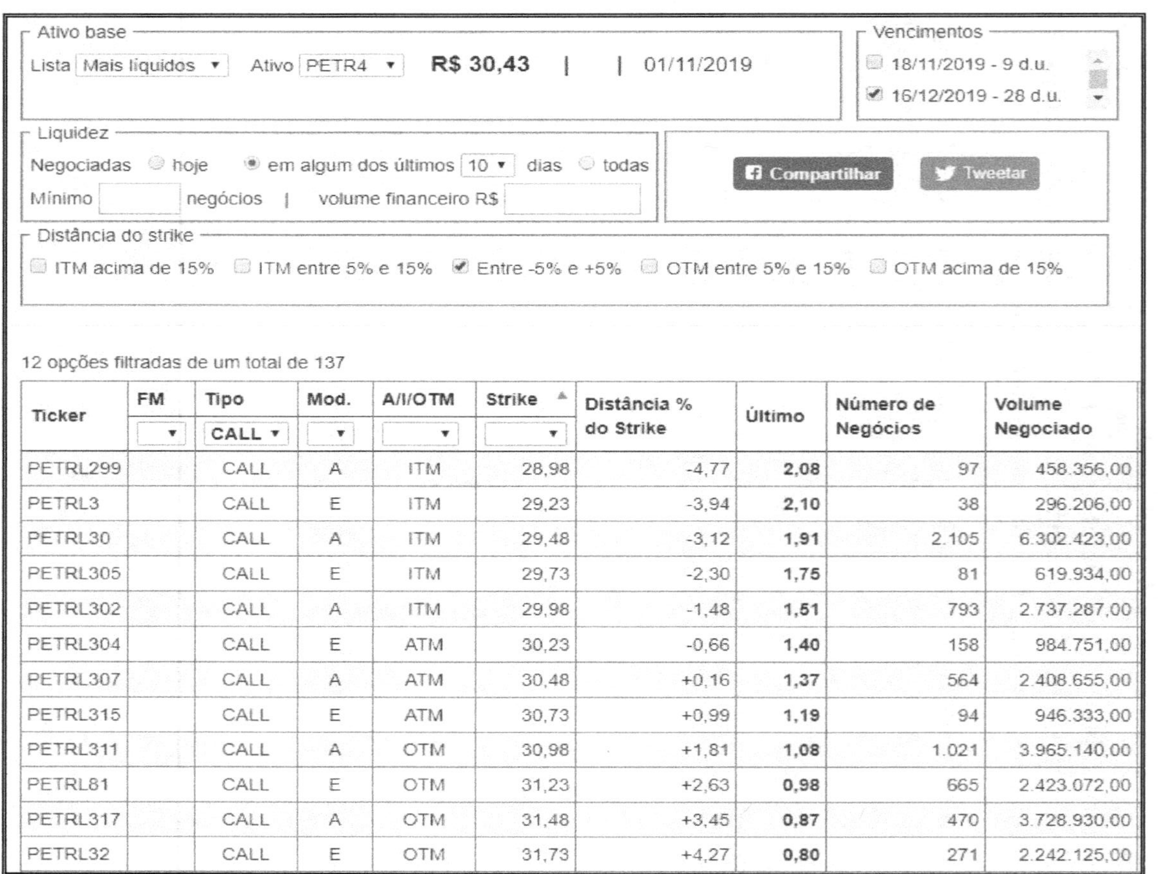

Ticker	FM	Tipo CALL ▼	Mod.	A/I/OTM	Strike	Distância % do Strike	Último	Número de Negócios	Volume Negociado
PETRL299		CALL	A	ITM	28,98	-4,77	2,08	97	458.356,00
PETRL3		CALL	E	ITM	29,23	-3,94	2,10	38	296.206,00
PETRL30		CALL	A	ITM	29,48	-3,12	1,91	2.105	6.302.423,00
PETRL305		CALL	E	ITM	29,73	-2,30	1,75	81	619.934,00
PETRL302		CALL	A	ITM	29,98	-1,48	1,51	793	2.737.287,00
PETRL304		CALL	E	ATM	30,23	-0,66	1,40	158	984.751,00
PETRL307		CALL	A	ATM	30,48	+0,16	1,37	564	2.408.655,00
PETRL315		CALL	E	ATM	30,73	+0,99	1,19	94	946.333,00
PETRL311		CALL	A	OTM	30,98	+1,81	1,08	1.021	3.965.140,00
PETRL81		CALL	E	OTM	31,23	+2,63	0,98	665	2.423.072,00
PETRL317		CALL	A	OTM	31,48	+3,45	0,87	470	3.728.930,00
PETRL32		CALL	E	OTM	31,73	+4,27	0,80	271	2.242.125,00

Figura 7. Cadeia de Opções PETR4. Fonte: opções.net.br

No topo da figura 7, encontra-se o ativo base, neste caso, a Petrobras, o código e o preço da ação PETR4, R$ 30,43. À direita há a data em que essas informações foram acessadas, 01/11/2019, e a data de vencimento selecionada, 16/12/2019, referente à cadeia de opções, que, a propósito, estão listadas na parte inferior da figura 7.

❖ Ticker: o código da opção, como vimos anteriormente.

❖ Tipo: call.

❖ Mod: indica se a opção é estilo americana ou europeia.

❖ Strike: preço de exercício.

❖ ITM – In-the-money ou dentro do dinheiro: perceba que os strikes (preço de exercício) de R$ 28,98 até R$ 29,98 estão abaixo do preço da ação de R$ 30,43. Por isso, essas opções estão dentro do dinheiro.

❖ ATM – At-the-money ou no dinheiro: as opções PETRL304, PETRL307 e PETRL315 estão com o strike (preço de exercício) bem próximo ao preço da ação neste exato momento. Por isso, são consideradas no dinheiro.

❖ OTM – Out-of-the-money ou fora do dinheiro: os restantes das opções estão com um strike (preço de exercício) maior do que o preço da ação. Por isso, estão fora do dinheiro.

❖ Distância% do strike: indica a porcentagem em relação à distância do preço de exercício ao preço da ação, ou seja, qual é a porcentagem dentro do dinheiro e fora do dinheiro.

❖ Último: mostra o último preço que a opção foi negociada.

❖ Número de negócios e volume: mostra a quantidade negociada.

Na internet, além das informações anteriores, também é possível visualizar a volatilidade e os delta, gama, Theta e Vega das opções, conforme mostra a figura 8.

Ticker	FM	Tipo CALL ▾	Mod.	A/I/OTM	Strike ▲	Distáncia % do Strike	Vol. Implícita	Delta	Gamma	Theta	Vega
PETRL299		CALL	A	ITM	28,98	-4,77	28,81	0,7192	0,1137	-0,0212	3,4707
PETRL3		CALL	E	ITM	29,23	-3,94	32,40	0,6820	0,1066	-0,0243	3,6818
PETRL30		CALL	A	ITM	29,48	-3,12	31,68	0,6552	0,1127	-0,0243	3,8014
PETRL305		CALL	E	ITM	29,73	-2,30	31,88	0,6218	0,1157	-0,0249	3,9195
PETRL302		CALL	A	ITM	29,98	-1,48	29,98	0,5902	0,1259	-0,0239	4,0020
PETRL304		CALL	E	ATM	30,23	-0,66	30,13	0,5619	0,1269	-0,0242	4,0618
PETRL307		CALL	A	ATM	30,48	+0,16	31,81	0,5367	0,1210	-0,0255	4,1008
PETRL315		CALL	E	ATM	30,73	+0,99	30,94	0,4993	0,1251	-0,0247	4,1115
PETRL311		CALL	A	OTM	30,98	+1,81	30,71	0,4705	0,1256	-0,0243	4,1029
PETRL81		CALL	E	OTM	31,23	+2,63	30,78	0,4401	0,1243	-0,0240	4,0677
PETRL317		CALL	A	OTM	31,48	+3,45	31,03	0,4039	0,1213	-0,0236	3,9865
PETRL32		CALL	E	OTM	31,73	+4,27	30,98	0,3808	0,1193	-0,0231	3,9279

Figura 8.Cadeia de opções – Gregas. Fonte: Opcoes.net.br

4

Implementando a Estratégia da Venda Coberta

Como mencionei anteriormente, se o seu sentimento em relação ao mercado financeiro e a sua carteira de ativos é muito otimista, e se uma alta valorização das ações é esperada, talvez esse não seja o melhor ambiente para vender a call coberta. Neste cenário, você pode esperar essa valorização e, depois que isso ocorrer, começar a pensar em executar a estratégia.

Mas, se o mercado já atingiu um pico de alta, está estagnado ou se movimentando de lado, ou se você tem um preço alvo para a venda de alguns de seus ativos, a venda da call coberta é uma excelente estratégia. Enquanto os outros investidores não veem nenhum resultado positivo, o vendedor da call continuará lucrando em qualquer ambiente no mercado.

Novamente, vale lembrar que quanto mais fora do dinheiro (OTM), mais barata será a opção de compra call, porque quanto mais longe o preço de exercício, menor é a chance de o ativo chegar naquele valor.

Para vender a opção de venda call, é necessário ter as ações em carteira. Então, as duas situações abaixo podem ocorrer.

Possuir a ação em carteira e adicionar a venda da opção.

Imagine que o investidor já possui uma carteira com 300 ações da Petrobras e decide vender a call coberta. Neste caso, ele poderá vender três contratos de opção, pois cada contrato equivale a 100 ações.

Compra e venda simultânea.

Se o investidor não possui os ativos, ele ou ela tem que, primeiro, comprar as ações e, em seguida, vender a call. Uma vez que a compra da ação ou ativo esteja confirmada, o investidor poderá, então, executar a venda da opção.

No mercado americano, algumas corretoras facilitam esse procedimento. Por exemplo, a pessoa interessada neste tipo de operação pode comprar 100 ações a $ 30 cada, por um total de $ 3 mil, e vender a opção pelo valor unitário de $ 1, total $ 100. Essas duas operações podem ser feitas em um único procedimento, por um débito de $ 2.900, excluindo comissões.

No Brasil, temos que fazer essas transações em dois procedimentos separados; talvez no futuro as corretoras incluam essa facilidade nas plataformas de operação.

Nunca venda a call primeiro, sem ter as ações em carteira, pois isso se caracteriza como venda a seco, uma estratégia com muito mais riscos. Para quem é iniciante e já possui ações, eu aconselho a começar com a primeira alternativa e a vender calls nos ativos que já estão em seu portfólio.

4.1   Venda da Call Coberta Fora do Dinheiro

Para demonstrar, na prática, a implementação da estratégia, escolhi usar como exemplo as ações do Banco do Brasil, código BBAS3, e, neste cenário, uma opção fora do dinheiro.

O acesso à cadeia de opções, a seguir, conforme a figura 9, foi feito através do site https://opcoes.net.br/opcoes/bovespa, que disponibiliza de forma gratuita cotações e informações sobre opções da bolsa de valores brasileira.

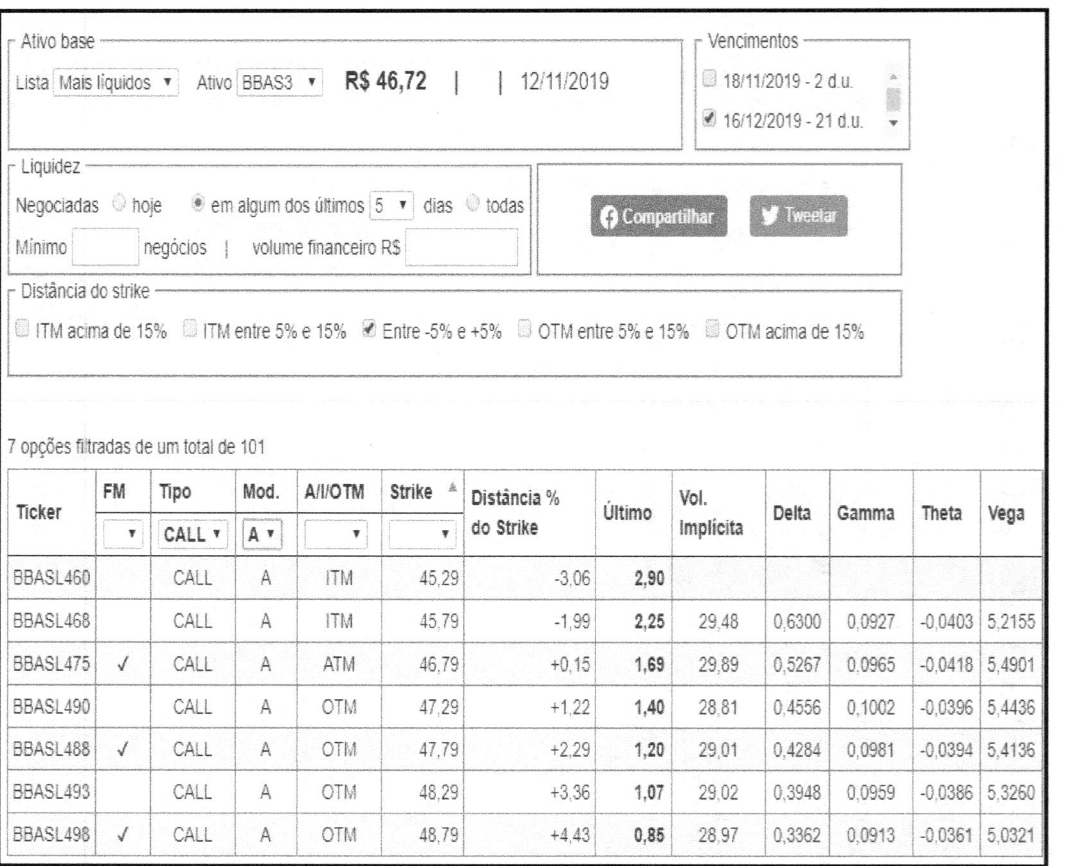

Ticker	FM	Tipo	Mod.	A/I/OTM	Strike	Distância % do Strike	Último	Vol. Implícita	Delta	Gamma	Theta	Vega
		CALL	A									
BBASL460		CALL	A	ITM	45,29	-3,06	2,90					
BBASL468		CALL	A	ITM	45,79	-1,99	2,25	29,48	0,6300	0,0927	-0,0403	5,2155
BBASL475	✓	CALL	A	ATM	46,79	+0,15	1,69	29,89	0,5267	0,0965	-0,0418	5,4901
BBASL490		CALL	A	OTM	47,29	+1,22	1,40	28,81	0,4556	0,1002	-0,0396	5,4436
BBASL488	✓	CALL	A	OTM	47,79	+2,29	1,20	29,01	0,4284	0,0981	-0,0394	5,4136
BBASL493		CALL	A	OTM	48,29	+3,36	1,07	29,02	0,3948	0,0959	-0,0386	5,3260
BBASL498	✓	CALL	A	OTM	48,79	+4,43	0,85	28,97	0,3362	0,0913	-0,0361	5,0321

Figura 9. Cadeia de opções Banco do Brasil. Fonte: opcoes.net.br

Veja, na figura 9, que a opção call escolhida para ser vendida foi a de código BBASL493, com preço de exercício de R$ 48,29 fora do dinheiro.

- ❖ Data de acesso 12/11/2019.

- ❖ Preço da ação na data de acesso: R$ 46,72.

- ❖ Ticker: BBASL493.

- ❖ Preço de exercício/strike: R$ 48,29 (+3,36 de distância do preço da ação hoje).

- ❖ Delta: 0,3948.

- ❖ Data de vencimento da opção: 16/12/2019.

- ❖ Tempo: 34 dias corridos.

- ❖ Prêmio recebido: R$ 1,07 por ação.

Os dados da opção acima serão usados nos exemplos a seguir. Os cálculos foram feitos em valor unitário, pois é dessa forma que a opção é cotada. Depois, o valor unitário será multiplicado por 100, que é a ·quantidade mínima de um contrato de opção e que equivale a 100 ações.

4.2 Usar o Delta Para Escolher o Preço de Exercício

Como expliquei anteriormente, o delta tem várias funções e uma delas é a de que ele pode ser usado como um indicador de probabilidade. Normalmente utilizo o delta perto de 0,30 ou 30%, porque a opção está fora do dinheiro e ainda tem um bom prêmio.

Na figura 9 anterior, o delta da opção BBASL493 é 0,3948. Perceba que, na mesma linha, este delta está atrelado ao preço de exercício escolhido, de R$ 48,29. Isto significa que a probabilidade de a ação chegar a esse preço, até o dia de vencimento, 16/12/2019, é por volta de 39%, por causa do delta de 0,39. O contrário disso significa que a probabilidade de a opção não atingir este preço de exercício e de virar pó é por volta de 61%, o oposto.

O uso do delta lhe fornece todas essas informações, antes de executar a estratégia.

É evidente que, com uma ou até dez operações, a probabilidade não é precisa, mas, com o aumento no número de ocorrências, a probabilidade começa a funcionar. O uso do delta é apenas um indicador. Você poderia também fixar um valor mínimo para vender opções e usá-lo como referência.

4.3　Usando as Ações em Carteira

Imagine que você já tenha em sua carteira 100 ações do Banco do Brasil a BBAS3, que foram compradas há alguns meses, pelo preço de R$ 40 por unidade. Na data de hoje, você decide vender uma opção de compra call. Como já possui as ações em carteira, essa estratégia é chamada de covered call, venda da call coberta, call coberta ou lançamento coberto.

Com a informação sobre as opções já disponíveis, conforme apresenta a figura anterior, você pode, então, prosseguir com a implementação da estratégia.

O preço da ação hoje é de R$ 46,72, como mostra a figura 9 anterior. Se lhe agrada a ideia de vender suas ações por um valor ainda mais alto do que o de hoje e ainda receber um prêmio por isso, então você está satisfeito com o preço de exercício escolhido anteriormente, de R$ 48,29, que está fora do dinheiro e que paga um prêmio de R$ 1,07, valor unitário.

O preço de exercício é o valor que você terá que vender suas ações, conforme a obrigação do vendedor no contrato de opção. Abaixo, estão os detalhes da operação;

- ❖ Compra inicial das 100 ações: Total R$ 4.000.

- ❖ Venda da call código BBASL493 por R$ 1,07: Total R$ 107 (um contrato).

- ❖ Preço de exercício: R$ 48,29.

- ❖ Tempo restante até o vencimento da opção: 34 dias.

- ❖ Custo total das ações reduzido para: R$ 3.893.

Somente comprando as ações, o custo total é de R$ 4.000. Mas, como você vendeu a opção, receberá um crédito de R$ 107 por essa operação. Sendo assim, R$ 3.893 passa a ser o valor total investido, o que diminui o custo inicial do investimento.

4.4 Esperar Até o Vencimento da Opção

Se você decidir esperar até o vencimento, irá receber o valor total de R$ 107, referente ao prêmio. Mas o resultado da operação dependerá do que aconteceu com o ativo, se este valorizou ou desvalorizou.

Valorização do ativo.

Se, ao término do contrato da opção, que é de 34 dias, a ação fechar a qualquer valor acima do preço de exercício, você terá que vender suas ações ao preço de exercício, que é de R$ 48,29.

Não importa se a ação fechou no preço de R$ 48,30 ou R$ 55. Você terá que vendê-las por R$ 48,29 e também ficará com o prêmio de R$ 107. Neste caso, este seria o resultado final:

Compra inicial: R$ 4.000
Venda final: R$ 4.829
Lucro: R$ 829
Prêmio recebido: R$ 107
Lucro total: R$ 936

Desvalorização do ativo.

Se, ao final dos 34 dias, a ação estiver igual ou abaixo do preço de exercício de R$ 48,29, a opção expira e você ficará com o prêmio total de R$ 107, o que gera um rendimento de 2,67% em 34 dias, o cálculo é feito com o valor do prêmio de R$ 107 dividido pelo investimento inicial de R$ 4.000 e depois multiplicado por 100 para chegar a porcentagem. Se conseguir repetir uma operação deste tipo dez vezes ao ano, terá um retorno de 26,75% ao ano.

Lembrando que, para cada um contrato de opção vendido, você tem que ter 100 ações em carteira. Então, com duzentas ações, poderia vender dois contratos e coletar R$ 214 em prêmio. Com trezentas ações em carteira, poderia vender três contratos e coletar R$ 321 em prêmio. E, com 1000 ações, poderia vender 10 contratos por R$ 1.070, e assim por diante.

Receber o prêmio é como se você estivesse sendo pago por possuir ativos.

4.5   Operação Simultânea. Comprar as Ações e Vender a Call

Serão usados aqui os mesmos dados do exemplo anterior, da opção fora do dinheiro (OTM). A única diferença neste cenário é que você comprará as ações pelo preço atual de mercado. Este exemplo será utilizado até o final do capítulo, implementando a estratégia.

Neste exemplo, você não tem as ações em carteira; por isso, faz a operação simultânea, que é a de comprá-las pelo valor unitário atual de R$ 46,72, e, ao mesmo tempo ou logo posteriormente, vender a opção.

* ❖ Compra das 100 ações: Total R$ 4.672.

* ❖ Venda da call código BBASL493 por R$ 1,07: Total R$ 107 (um contrato).

* ❖ Preço de exercício: R$ 48,29.

* ❖ Tempo restante até o vencimento da opção: 34 dias.

* ❖ Custo total das ações reduzido para: R$ 4.565.

Comprando somente as ações, o valor total seria de R$ 4.672, mas, com a venda da opção, a quantia de R$ 107 foi creditada na sua conta; então, o custo total do investimento diminui para R$ 4.565. Pode-se dizer também que o custo unitário das ações diminuiu, de R$ 46,72 para R$ 45,65.

4.6   Esperar até o Vencimento da Opção

Como expliquei anteriormente, após o vencimento, o resultado da operação dependerá do que aconteceu com o ativo, ou seja, se este valorizou ou desvalorizou.

Valorização do ativo.

Se a ação fechar a qualquer preço acima de R$ 48,29 (pode ser R$ 48,30), você terá que as vender por R$ 48,29, que é o preço de exercício, pois esta é a obrigação do vendedor. Neste caso, você (vendedor) ganha na valorização, pois escolheu um preço de exercício fora do dinheiro e ainda fica com o prêmio da opção vendida.

A transferência das suas ações (exercício) para a pessoa detentora da opção é feita automaticamente pela corretora. Veja o resultado da operação abaixo:

Custo inicial de compra das ações: R$ 4.672
Valor final de venda das ações: R$ 4.829
Lucro na compra e venda das ações: R$ 157
Prêmio recebido: R$ 107
Lucro total: R$ 264
Retorno em apenas 34 dias: 5,65% que inclui o prêmio e a valorização do ativo

Desvalorização do ativo.

Se a ação fechar a R$ 48,29, que é o preço de exercício, ou se fechar a qualquer valor menor, a opção expira fora do dinheiro, ou seja, você mantém as ações e ainda fica com a quantia integral do prêmio, de R$ 107, o que lhe dará um retorno de 2,29% em apenas 34 dias. Além disso, você ainda poderá vender outra opção no próximo ciclo ou no próximo mês de vencimento.

4.7   Ponto de Equilíbrio

Além de reduzir o custo unitário das ações, perceba que a venda da opção fornece também uma proteção em caso de queda no preço do ativo. Ponto de equilíbrio nada mais é do que quando, em uma determinada situação relativa ao mercado de ações, uma ação se desvaloriza e, ainda assim, o investidor não perde dinheiro, ou seja, fica empatado. Neste caso, é o preço pago pela ação, menos o prêmio recebido com a venda da opção (R$ 46,72 - R$ 1,07).

Então, o ponto de equilíbrio, neste exemplo, é R$ 45,65 por ação. Se, no vencimento da opção, a ação sofrer um declínio de preço, até este valor você não perde nada do investimento inicial, pois a call vai expirar sem valor e você ficará com o prêmio de R$ 107.

Já para o investidor que comprou a ação por R$ 46,72 e que não optou pela opção, cada centavo que a ação desvalorizar será um prejuízo.

Umas das vantagens de vender a call, nas ações que você possui, é que, se a ação desvalorizar, a call também desvaloriza e você pode comprá-la mais barato. Desta maneira, você está ganhando com a desvalorização do seu ativo. Veja a seguir em: fechando a opção com 50% de lucro.

4.8   Fechando a Opção Com 50% de Lucro

Vamos continuar com o exemplo da operação simultânea e repetir os dados abaixo:

* ❖ Compra das 100 ações: Total R$ 4.672.

* ❖ Venda da call código BBASL493 por R$ 1,07: Total R$ 107 (um contrato).

❖ Preço de exercício: R$ 48,29.

❖ Tempo restante até o vencimento da opção: 34 dias.

❖ Custo total das ações reduzido para: R$ 4.565.

Após iniciar a operação, o investidor pode esperar até o vencimento, como foi visto anteriormente. Mas também há a possibilidade de comprar a opção de volta e sair completamente do contrato de opção.

A seguir, a tabela 8, mostra o tipo de operação que deve ser executado no home-broker para iniciar e sair da operação de opção, tanto para vendedores quanto para compradores. Mas se lembre de que, na estratégia de venda da call coberta explicada neste livro, você é o vendedor.

Operação	Vendedor da opção	Comprador da opção
Iniciar (entrar)	Vende por um crédito	Compra - débito
Terminar (sair)	Compra a opção vendida por um débito	Vende a opção comprada por um crédito

Tabela 8. Iniciar e sair da operação de opção

Sendo assim, você, como vendedor, inicialmente vende a opção por um crédito para iniciar a operação e tem que comprar de volta por um débito para sair da posição (fechar). Preferivelmente, deverá comprar de volta mais barato do que vendeu.

Minha estratégia favorita é fechar a opção com 50% de lucro e manter as ações em carteira, se a empresa for considerada por mim uma empresa boa, para, assim, continuar vendendo a call coberta nas minhas ações.

Voltando ao início da operação, você vendeu a opção por um crédito total de R$ 107 e, agora, em vez de esperar até o vencimento, irá comprar a opção de volta, pela metade do preço inicialmente vendido.

No início da operação, quando a call é vendida, o crédito total recebido aparecerá da seguinte forma no home-broker da corretora: (-) R$ 107. Os valores negativos referem-se ao valor que você terá de pagar para sair da opção antes do vencimento e para, desse modo, não ter que vender suas ações.

Conforme o tempo vai passando, e se a ação não subir de preço, esse valor vai diminuindo com o time decay, ou corrosão do tempo. Veja a simulação abaixo:

(-) R$ 107
(-) R$ 80,30
(-) R$ 54,10
(-) R$ 53,50
(-) R$ 53

Então, após a venda inicial da opção por um credito de R$ 107, logo em seguida você coloca uma ordem para comprá-la de volta (fechá-la), por um débito de R$ 53,50, e espera. Quando essa ordem for executada, após alguns dias ou semanas, você sairá completamente da posição de opção e voltará a ter apenas as ações em carteira.

Para resumir a operação, você inicialmente recebeu um crédito de R$ 107 pela venda e teve um débito de R$ 53,50 pela compra da opção de voltar e assim sair da operação, obtendo um lucro de R$ 53,50. O retorno é de 1,14% (R$ 53,50/R$ 4.672), calculado pelo lucro final, dividido pelo valor total investido inicialmente.

Ao sair da posição com 50% de lucro, não é necessário esperar até o vencimento. Portanto, o tempo médio para ficar com a operação aberta pode ser de apenas alguns dias, se o ativo desvalorizar rápido, ou algumas semanas.

Imagine se você pudesse repetir essa operação uma vez por mês. Logo, 1,4 x 12= 13,74% ao ano. É um excelente incremento na sua renda, como se fosse um dividendo. Se conseguir reaplicar e vender calls duas vezes ao mês, terá um rendimento de mais de 27% ao ano.

A venda da opção call coberta é de risco zero na opção, pois o risco continua sendo na queda do ativo, e não na opção. Como vimos, a venda da call ajuda a diminuir os riscos, pois diminui o preço médio das ações.

4.9   Executando a Operação na Prática Pelo Home-Broker

Agora, vou mostrar a você como efetuar a transação explicada acima pelo home-broker, da corretora XP investimentos.

Comprando a ação.

Perceba, na figura 10, que a aba "comprar" está ativa. Utilize o código do ativo, neste exemplo, BBAS3 referente à ação do Banco do Brasil e efetue a compra. Até aqui, nada de novidade para quem já opera ações.

Figura 10. Comprando a ação

Vendendo a opção.

Conforme a figura 11, a seguir, perceba que a aba "vender" está ativa. Use o código da opção escolhida BBASL493, cheque quantidade e preço e envie a ordem para efetuar a venda. Antes de executar a venda acima, sempre verifique o book de oferta da opção, para ver o preço em tempo real. É possível tentar vendê-la por um preço maior – neste caso, maior do que R$ 1,07.

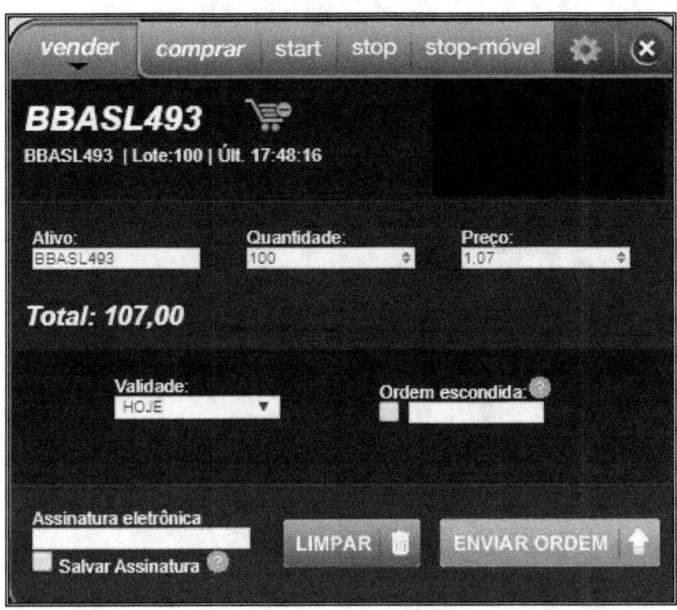

Figura 11. Vendendo a opção

Após a execução da ordem de venda por R$ 107, você pode imediatamente colocar uma nova ordem para comprar a opção de volta, com aproximadamente 50% de lucro. Veja a seguir.

Fechar para sair da opção (comprar de volta).

Conforme a figura 12 demonstra a seguir, a aba "comprar" está aberta. Utilize o mesmo código da opção vendida BBASL493 e a mesma quantidade, a única diferença é o preço, porque você pretende comprar a opção de volta, mais barata ou pela metade do preço que a vendeu. Então, coloque uma ordem para comprá-la de volta por R$ 0,5350. Neste caso, arredondei para R$ 0,53.

Figura 12. Comprar de volta para sair da opção

Perceba que a validade selecionada é "até cancelar". Isso significa que a ordem ficará aberta no sistema da corretora até a opção desvalorizar e atingir o preço de compra desejado, de R$ 0,53. Como o valor das opções varia bastante, com uma queda na cotação da ação, esse preço pode ser atingido em alguns dias ou semanas.

Se a opção desvalorizar e atingir o preço de R$ 0,53, a ordem será executada. Com a execução, você não terá mais nenhuma opção em aberto, pois inicialmente vendeu a call por R$ 1,07 para abrir ou entrar na operação, e depois comprou a mesma opção de volta, usando o mesmo código, por R$ 0,53, metade do preço, para sair desta operação.

Sendo assim, obteve um lucro de R$ 53 (R$ 0,53 x 100), como vimos anteriormente, e agora está totalmente sem compromisso e fora do contrato de opção, voltando a ter somente as ações em carteira, e estará livre para vender outra call a qualquer momento.

Sempre reveja a ordem antes de executá-la. Tenha certeza de que você está na aba certa para iniciar a posição "vender" e para sair "comprar". Acredite, erros acontecem e você não quer vender uma segunda call sem ter as ações em carteira (opção a seco), o que é uma estratégia muito mais arriscada.

O procedimento acima varia de corretora para corretora. Verifique como executar a ordem de opção com a sua corretora.

Custos de corretagem.

Em relação aos custos de corretagem, no momento em que escrevo este livro, para iniciar uma operação na corretora XP, você teria um custo total próximo de R$ 25, e, para sair ou fechar a posição, outros R$ 25, gerando um custo total perto de R$ 50, o que torna a operação de venda de um contrato inviável.

Neste caso, você teria que vender no mínimo dois contratos para ter algum lucro. Entretanto, há novas corretoras no mercado, com custo de corretagem praticamente zero. É importante pesquisar e escolher a melhor corretora para operar, pois os custos podem afetar os lucros drasticamente.

4.10 Rolar Para Frente Quando a Ação Valoriza

Acabemos de ver como acontece o time decay ou corrosão de valor. Se a ação não valorizar muito, a opção vai perdendo valor, sendo possível comprá-la de volta mais barato. Vimos também que, após a venda da opção, o crédito recebido aparece no home-broker com valores negativos, pois se refere ao valor que você terá de pagar para sair da opção antes do vencimento.

(-) R$ 107
(-) R$ 80,30
(-) R$ 54,10
(-) R$ 53,50
(-) R$ 53

Mas, se a ação subir muito de preço, o valor da opção também sobe. Veja abaixo. Se a opção estiver cotada a R$ 180, este é o valor que você terá de pagar para sair da operação sem ter que esperar até vencimento. Neste caso, você teria um prejuízo, pois vendeu por R$ 107 e comprou de volta mais caro, por R$ 180.

(-) R$ 107
(-) R$ 180
(-) R$ 220
(-) R$ 300

Não se preocupe: os valores das opções estão subindo porque as suas ações ou ativos subjacentes, que você possui, também estão valorizando. Por isso, esta operação recebe o nome de venda da call coberta. Quando o contrato da opção expirar, e se o valor da ação estiver acima do preço de exercício da opção, você venderá as ações pelo preço de exercício e ainda ficará com o prêmio, conforme expliquei anteriormente, na seção "esperar até o vencimento".

A pessoa que vendeu a opção a seco, sem ter a ação em carteira, estaria muito preocupada com esta subida de preço, mas este não é o seu caso. Você somente perderia, neste cenário, se desejar sair do contrato de opção sem esperar até o vencimento.

Mas há uma alternativa para esta situação. Agora, vamos ver as técnicas de rolagem. No começo, essa técnica pode parecer um assunto complicado. Sugiro que, após a leitura deste livro, você volte a essa parte do texto, depois de alguns dias ou semanas. Com tempo e alguma prática, você irá assimilar tudo o que foi explicado neste livro.

Rolagem é quando o investidor sai de uma posição de opção e imediatamente inicia outra, usando o mesmo ativo subjacente e o mesmo tipo de opção, no caso, a call. O termo "rolar para frente" significa fechar a posição atual e iniciar outra no mês seguinte. Isso é feito para adicionar mais prêmio na operação, porque quanto mais tempo, maior é o valor da opção.

Vamos voltar ao exemplo no começo deste capítulo. Você inicialmente vendeu a opção com preço de exercício de R$ 48,29 e que expira em 34 dias, na data 16 de dezembro de 2019. O crédito recebido foi de R$ 1,07, valor unitário, total de R$ 107, referente às 100 ações.

Se, durante o período do contrato de opção, a ação continuar valorizando e estiver cotada acima de R$ 48,29, que é o preço de exercício, provavelmente não será possível fechar a opção com 50% de lucro. Então, você poderá esperar até o vencimento, como expliquei anteriormente.

Caso não queira aguardar até o vencimento, imagine que a ação esteja valendo R$ 48,50 e que, por isso, já passou do preço de exercício e agora está dentro do dinheiro, a mesma opção que você vendeu por R$ 1,07, deve valer agora uns R$ 1,80. Se você decidir comprar a opção de volta para fechar a operação e não ter que vender a ação, terá um prejuízo de R$ 0,73 nas opções, valor unitário.

Entretanto, lembre-se de que quanto mais tempo, maior é o valor opção. A opção no mês seguinte, em janeiro de 2020, com um preço de exercício próximo de R$ 48,29, que agora está dentro do dinheiro, deverá valer uns R$ 2,50 ou mais. Então, você realiza o prejuízo de R$ 0,73 e vende a opção de janeiro, no mesmo preço de exercício, por R$ 2,50. Veja como fica a situação agora;

Preço por opção vendida inicialmente: R$ 1,07 crédito.
Preço pago para sair desta posição: R$ 1,80 débito.
Venda da nova opção em janeiro: R$ 2,50 crédito.

O crédito remanescente é de R$ 1,77 ou R$ 177, quando multiplicado pelas 100 ações. Você adicionou mais 30 dias à operação, e agora todo o ciclo se repete. Você pode, se a ação vier a desvalorizar, tentar comprar a última opção vendida de volta, por um preço mais barato. Sempre faça os cálculos de todos os débitos e créditos das operações, para saber se é viável.

Você pode também esperar até o vencimento em janeiro ou tentar rolar novamente após alguns dias, para o mês de fevereiro. Você não se livrou do contrato de opção, apenas adicionou mais crédito, o que é excelente, e também aumentou o tempo de compromisso na operação.

Essa é a rolagem, mas há também outras possibilidades, como, por exemplo, vender a opção de janeiro mais fora do dinheiro por menos crédito, se você quiser manter a ação. Ou vendê-la mais dentro do dinheiro, para aumentar o crédito recebido, o que, entretanto, aumenta a chance de exercício, pois a probabilidade de a opção terminar dentro do dinheiro será maior.

Vou explicar mais sobre isso na seção "definição de rolagem".

4.11 Rolar para Baixo Quando a Ação Desvaloriza

Imagine que, logo após você ter efetuado a operação de venda da call coberta, a ação sofra uma queda muito acentuada. Neste caso, se você aplicou a regra de coletar o lucro quando a opção desvaloriza 50%, rapidamente coletou R$ 53,50, metade dos R$ 107.

Se a ação continuar a cair, uma nova opção mais abaixo pode ser vendida novamente, com um preço de exercício mais próximo do dinheiro, em dezembro, o mesmo mês de vencimento da primeira call vendida, o que daria por volta de uns R$ 2, valor unitário. Imagine que, antes do dia de expirar, 16/12/2019, o investidor consiga fazer isso três vezes.

Veja os cálculos abaixo. Você fecha (compra de volta) a primeira opção vendida com 50% de lucro. Agora, fazendo a segunda venda, se a ação continuar caindo, o mesmo ocorre novamente, e você compra a opção de volta com 50% de lucro. Em seguida, vende a terceira opção no mês seguinte, janeiro.

Primeira venda — Opção expira em dezembro/2019.
R$ 1,07 por opção vendida x 100: R$ 107
Lucro de 50%: R$ 53,50

Segunda venda — Opção expira em dezembro/2019.
R$ 2 por opção vendida x 100: R$ 200
Lucro de 50%: R$ 100

Terceira venda — Opção expira em janeiro/2020.
Esta opção é vendida por R$ 3 e expira no mês seguinte, em janeiro, valor total de R$ 300 referente às 100 ações. Imagine que, quando você vendeu esta opção, a ação tinha se desvalorizado bastante e estava cotada a R$ 42. O preço de exercício que você escolheu para vender a call foi de R$ 43.

Então, em vez de fechar com 50% de lucro, nesta terceira venda, você deixa o contrato ir até o final, pois assim será exercido e terá que vender as ações por R$ 43 cada, mas mantém o prêmio no valor total de R$ 300.

Agora, vamos fazer os cálculos da operação, lembrando que são 100 ações equivalentes a um contrato de opção:

Custo inicial de compra das ações: R$ 4.672
Valor final de venda das ações: R$ 4.300
Prejuízo na compra e venda das ações: R$ 372
Total recebido em Prêmios: R$ 453,50 (R$ 53,50 + R$ 100 + R$ 300).
Lucro final é de R$ 81,50 (total em prêmio R$ 453,50 - R$ 372 de prejuízo nas ações).

Esses cálculos são simulações e dependem do exato momento em que essas operações são executadas, mas, com o ativo em queda, o preço das opções mais do que dobra, podendo até triplicar, por causa da volatilidade. Essa é uma forma de gerenciar risco e defender uma operação. Vimos que mesmo a ação desvalorizando em até 10%, de R$ 46,72 para R$ 42, ainda é possível lucrar.

Mas, como mencionei anteriormente, o ideal é comprar ações de boas empresas. Assim, não será necessário aplicar esta técnica de rolagem. Entretanto, resolvi simular essa estratégia aqui para que você, leitor, conheça todas as possibilidades de gerenciar risco que as opções oferecem.

4.12 Rolagem – Definição

Vou colocar as definições de rolagem aqui, na parte de "implementando a estratégia", para facilitar a consulta. Como mencionei na seção anterior, rolagem é quando o investidor sai de uma posição de opção e imediatamente inicia outra, usando o mesmo ativo e tipo de opção.

4.12.1 Rolar para Frente ou para Fora.

Quando uma opção é rolada para frente, isso significa fechar a posição atual e abrir uma nova no mês seguinte (à frente), ou próximo período de vencimento, onde o prêmio é maior. Isso também aumenta o seu tempo de compromisso com o contrato de opção.

Esse procedimento é feito para adicionar mais prêmio na operação. Quanto maior a duração do contrato de opção, maior é o seu valor.

Por exemplo, imagine que hoje é dia 2 de dezembro de 2019 e que você tem em aberto uma opção que você vendeu há algumas semanas. Esta opção expira no dia 16 dezembro de 2019, ou seja, em duas semanas.

- ❖ Venda inicial da call por R$ 1, valor unitário, total de R$ 100, vendida há algumas semanas.

- ❖ Hoje, 02/12/2019, a opção pode estar valendo R$ 0,50 (no lucro) ou R$ 1,50 (no prejuízo). Vai depender se a ação valorizou ou desvalorizou. De qualquer forma, a posição será fechada, no lucro ou prejuízo.

- ❖ Em seguida, você vende uma nova opção com o mesmo preço de exercício, do mesmo ativo, no mês à frente, em janeiro, por R$ 2,50.

Por estar em janeiro, um mês à frente, esta opção é mais cara. Se a primeira opção vendida estiver no lucro, irá adicionar mais crédito; se estiver no prejuízo, o valor adicional poderá cobrir a perda.

Você também adicionou mais tempo, um mês a mais, ao seu compromisso com o contrato de opção, que estava para expirar em duas semanas, e que agora foi estendido para aproximadamente seis semanas.

As partes um e dois acima são apenas uma posição de opção iniciada e finalizada. A parte três é como se fosse uma nova posição iniciada.

4.12.2 Rolar para Baixo

Rolar para baixo significa fechar a posição atual e abrir uma nova, no mesmo mês de vencimento, com um preço de exercício mais a baixo.

Imagine que estamos no mês de novembro e que você vendeu uma opção que expira em aproximadamente cinco semanas, no mês de dezembro. Após uma semana, a opção desvaloriza e você atinge seu objetivo.

- ❖ Venda inicial da call por R$ 1 — preço de exercício R$ 50

- ❖ A ação desvaloriza na semana seguinte e a opção perde valor rapidamente e passa a valer R$ 0,50. Você, então, compra a opção de volta com um lucro de 50% e sai completamente do contrato de opção.

- ❖ Você pode não fazer nada, mas, como restam aproximadamente quatro semanas, no ciclo atual das opções que expiram em dezembro, por ser um tempo suficiente, que ainda paga um bom prêmio, você decide em seguida vender uma nova opção por talvez R$ 1 ou R$ 1,50 no mesmo mês de dezembro, porém com um preço de exercício mais a baixo, por exemplo, R$ 48.

Então, a opção foi rolada para baixo, do preço de exercício de R$ 50 para R$ 48, no mesmo ciclo de vencimento em dezembro.

As partes um e dois acima são apenas uma posição de opção iniciada e finalizada. A parte três é uma nova posição iniciada.

4.12.3 Rolar para Cima

Rolar para cima significa fechar a posição atual e abrir uma nova, no mesmo mês de vencimento, com um preço de exercício mais a cima.

Se, por exemplo, você vendeu uma call com preço de exercício R$ 50, que expira em dezembro, para rolar a opção para cima, é necessário comprá-la de volta, saindo ou fechando a operação. Em seguida, inicia-se uma nova posição, que é vender outra call, que expira no mesmo ciclo, em dezembro, mas com o preço de exercício maior, por exemplo, R$ 52. Dessa forma, a opção foi rolada para cima, do preço de exercício de R$ 50 para R$ 52, no mesmo ciclo de vencimento.

É difícil fazer essa rolagem e adicionar mais crédito. Essa estratégia é usada caso o investidor decida que não quer vender a ação. Na verdade, esse investidor deveria simplesmente fechar a operação de opção no lucro ou prejuízo, dependendo se a ação tiver valorizado ou desvalorizado. Mas rolar para cima diminui a chance de exercício.

Há também a possibilidade de fazer uma combinação: por exemplo, rolar para cima para um preço de exercício mais alto e também rolar para fora, no mês ou ciclo seguinte, adicionando, assim, um crédito maior.

Novamente, rolagem nada mais é do que sair completamente de uma posição de opção e, em seguida, iniciar uma nova.

Importante! Se, por algum motivo, você se desfizer da ação, tem que fechar a opção primeiro e depois vender o ativo. Manter a opção aberta e vender a ação é outra estratégia (venda a seco), que é muito mais arriscada.

4.12.4 Alternativa

Em vez de fazer a rolagem imediatamente, o investidor pode fechar a posição inicial no lucro ou prejuízo e aguardar o melhor momento para voltar a vender opção.

Por exemplo, se, após iniciar a venda da call coberta e, em seguida, a ação desvalorizar, o investidor pode comprar a opção de volta mais barata e realizar um lucro, como vimos em vários exemplos neste livro. Mas, em vez de logo posteriormente vender uma nova opção, como vimos na seção sobre rolagem, o investidor pode esperar por um melhor momento, até que a ação volte a valorizar e, só então, vender calls novamente, fora do dinheiro, possibilitando, assim, a venda da nova call com um preço de exercício mais alto.

Além de continuar recebendo uma renda com a venda da opção, o investidor ganharia também na comercialização da ação, pois o preço de exercício, ou seja, o valor que o vendedor da opção é obrigado a vender suas ações em caso de valorização, será maior.

Vale sempre lembrar que quanto mais longe do dinheiro, menor é o valor da opção, e que você quer vender caro e comprar de volta mais barato. Veja o gráfico na figura 13, da empresa Suzano, como exemplo.

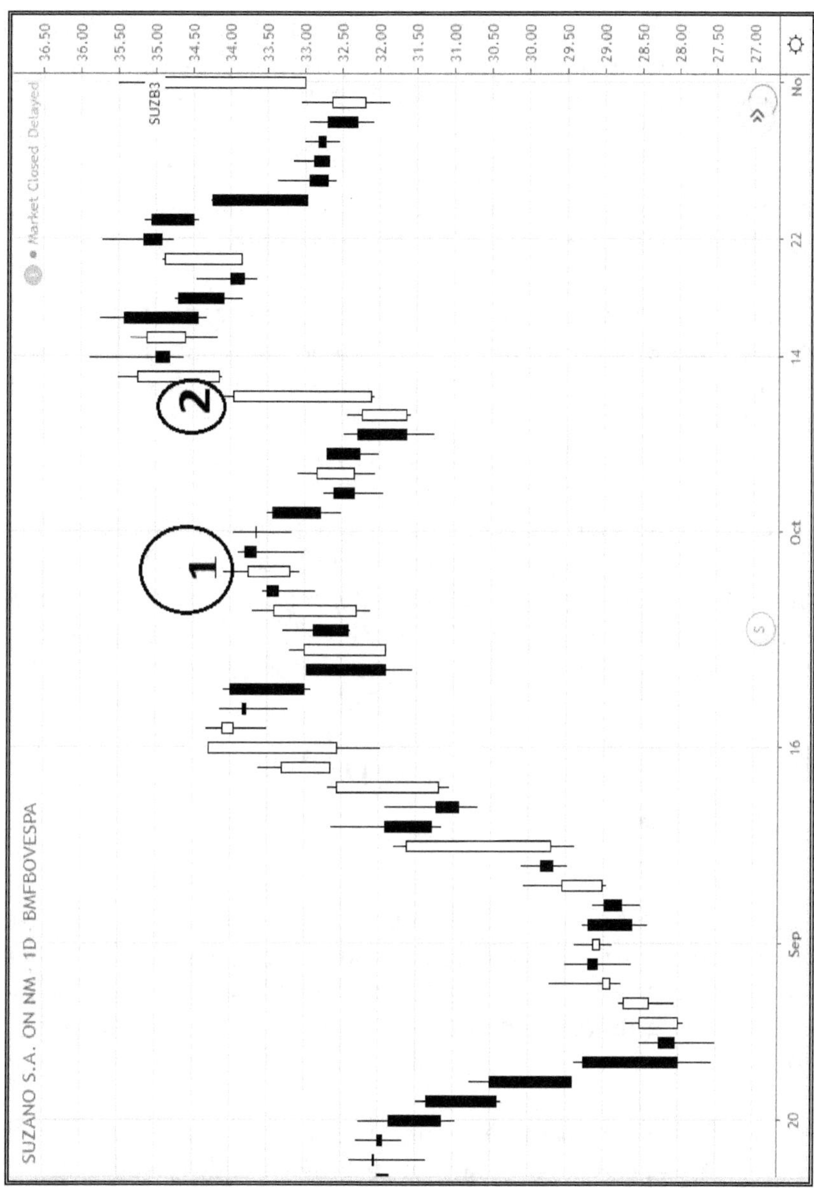

Figura 13. SUZB3 – Fonte Trading View - 29/11/2019

Imagine se você comprou a ação no ponto 1 na figura 13, pelo valor de R$ 34, e vendeu uma call fora do dinheiro, por exemplo, pelo preço de exercício de R$ 35 e recebeu o prêmio de R$ 1, valores unitários.

Perceba que a ação desvaloriza nos sete dias seguintes. Essa opção poderia ter sido comprada de volta por R$ 0,50 ou R$ 50 para cada 100 ações, um lucro rápido, em vez de esperar até o dia de vencimento.

Agora, com a ação desvalorizando, você pode continuar vendendo calls, mas o ideal é vender calls pelo preço de exercício de pelo menos R$ 34, que é o valor que você pagou pelas ações. Mas, com a ação abaixo de R$ 32, o preço de exercício de R$ 34 está muito fora do dinheiro, e talvez não tenha um prêmio bom o suficiente.

Neste caso, você pode esperar o ativo valorizar novamente, como no ponto 2 da figura 13, em que a ação volta a ser cotada a R$ 34 e, agora sim, começar a vender calls novamente. O valor do prêmio nos preços de exercício de, por exemplo, R$ 34, R$ 35 ou R$ 36, são muito maiores com a ação a R$ 34 do que quando a cotação estava a R$ 32.

4.13 Porque Fechar a Opção com 50% de Lucro

Eu tinha em carteira ações da empresa Suzano e decidi vender alguns contratos de opção call, aplicando, assim, a estratégia da call coberta. Nesta operação, não apliquei a regra de comprar a opção de volta com 50% de lucro e decidi esperar até o dia de vencimento do contrato.

Mas, se tivesse aplicado a regra, com certeza teria um melhor resultado, pois teria vendido mais opções, dentro do mesmo ciclo de vencimento.

Veja na figura 14 a seguir;

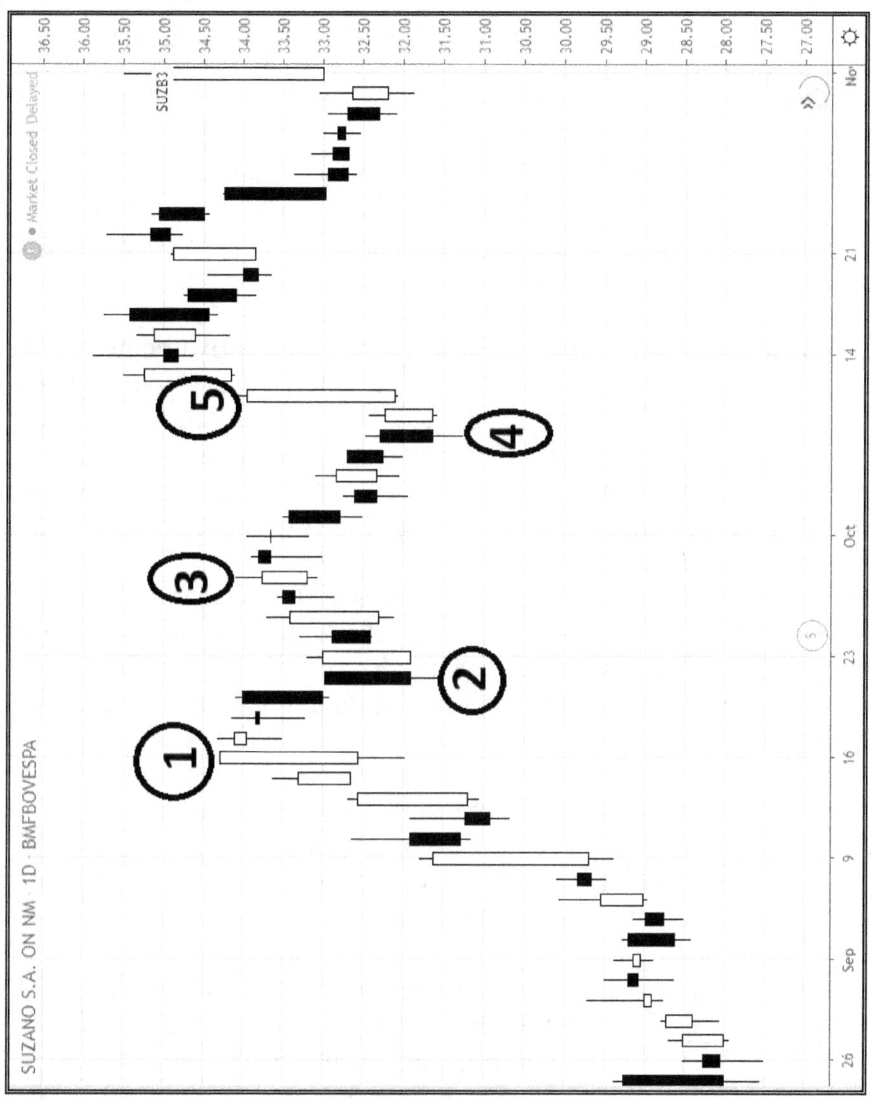

Figura 14. Exemplo SUZB3 - Fonte - TradingView 21/11/2019

Quando iniciei a operação, vendi cada contrato de call, que equivale a 100 ações, por R$ 100 quando a ação estava no ponto 1 do gráfico. O preço da ação estava um pouco acima de R$ 34 e vendi as opções no preço de exercício de R$ 35, com vencimento em outubro de 2019.

No ponto 2 do gráfico, a ação desvaloriza, o contrato da call que eu vendi por R$ 100 cai para menos R$ 30. Poderia comprá-lo de volta e realizar um lucro de R$ 70, mas decidi esperar até o vencimento, para lucrar o valor total de R$ 100.

Após alguns dias, a ação volta a subir e chega novamente perto dos R$ 34. O mesmo contrato da call que desvalorizou e estava no valor de R$ 30, agora vale novamente uns R$ 100, ponto 3 do gráfico. Se eu tivesse realizado o lucro de R$ 70, mencionado acima, estaria livre do contrato de opção, e agora somente com as ações em carteira, no ponto 3, poderia vender uma nova call por uns R$ 100.

Esta nova call poderia ter sido comprada de volta por uns R$ 50 ou R$ 30 novamente, no ponto 4 do gráfico, em que a opção volta a desvalorizar por causa da queda no valor do ativo. No ponto cinco do gráfico, eu poderia vender uma nova call coberta, que expira em novembro.

Veja que, do ponto 1 ao 4 no gráfico, há aproximadamente 17 dias. Se eu tivesse aplicado a regra de fechar a opção com 50% de lucro, poderia ter feito várias operações, no mesmo ciclo de vencimento, em outubro de 2019, em vez de somente uma.

Ponto no gráfico	Operação	Valor
1	Vende (iniciar posição)	R$ 100
2	Compra (sair da posição)	R$ 50
3	Vende (iniciar posição)	R$ 100
4	Compra (sair da posição)	R$ 50

Tabela 9. "Por que fechar a opção com 50% de lucro"

Mas eu estava decidido a levar o contrato até fim (vencimento), desde a venda da primeira opção. Sendo assim, no vencimento, em outubro, a ação fechou acima de R$ 35 e tive que as vender a este preço, e ainda fiquei somente com o prêmio total de R$ 100.

Há vários estudos que mostram que, para o vendedor de opção, não vale a pena esperar até o vencimento. Fechar ou comprar a opção de volta com 50% de lucro é a estratégia mais eficiente, a longo prazo.

O time de pesquisa da Tastytrade, uma empresa americana especializada em opções e com uma equipe de cientistas de dados (data scientists), fez inúmeros estudos e todos indicam que, para o vendedor, fechar ou sair da opção antes do vencimento gera um retorno maior do que esperar até o vencimento, porque um contrato de opção que vale R$ 100 pode rapidamente desvalorizar e chegar perto de zero muito antes do vencimento.

Os estudos confirmam o que já mencionei: vendi um contrato de opção por R$ 100 e poderia tê-lo comprado de volta por R$ 30. Não o fiz e o contrato voltou a valer novamente R$ 100. Outra vantagem apontada nos estudos é que fechar antes do vencimento diminui o tempo em que o capital fica alocado na operação.

Por exemplo, você vende uma call por R$ 100, que expira em 45 dias, e, ao optar por comprar de volta por R$ 50 (50% de lucro), essa posição pode ser encerrada em 10 ou 15 dias, se a ação não valorizar muito. Em vez de esperar 45 dias até o vencimento, você sai da operação bem antes e pode aguardar uma nova e boa oportunidade para vender a call novamente. Lembre-se da frase: time is money.

4.14 Fechar a Opção Com 70% de Lucro

Em vez de fechar a opção com 50% de lucro, você pode escolher outra porcentagem, como, por exemplo, 70%. Neste caso, basta multiplicar o prêmio recebido inicialmente por 0,30. Por exemplo, prêmio inicial de R$ 100 multiplicado por 0,30 é igual a R$ 30. Neste exemplo, se a opção foi inicialmente vendida por R$ 100, tem que ser comprada de volta por R$ 30, para obter um lucro de 70%.

Obviamente, o valor alvo de 50% de lucro será atingido mais rapidamente do que o de 70%. Sendo assim, ao optar por 70% de lucro, o tempo em que seu ativo ficará atrelada à opção será maior. Se você prefere não fechar a opção antes do vencimento, pode esperar até a opção expirar, como vimos anteriormente.

4.15 Venda da Call Coberta – No Dinheiro

Investidores que não se importam em se desfazer de alguns de seus ativos, pois estes podem estar em seu preço alvo de venda, preferem a venda da call coberta com o preço de exercício no dinheiro (ATM), ou até mesmo dentro do dinheiro (ITM), pois, desta maneira, irão receber para vender seus ativos.

- ❖ Ticker: BBASL475.

- ❖ Vende a call por R$ 1,69 (um contrato): Total R$ 169.

- ❖ Preço de exercício R$ 46,79 / expira em 34 dias.

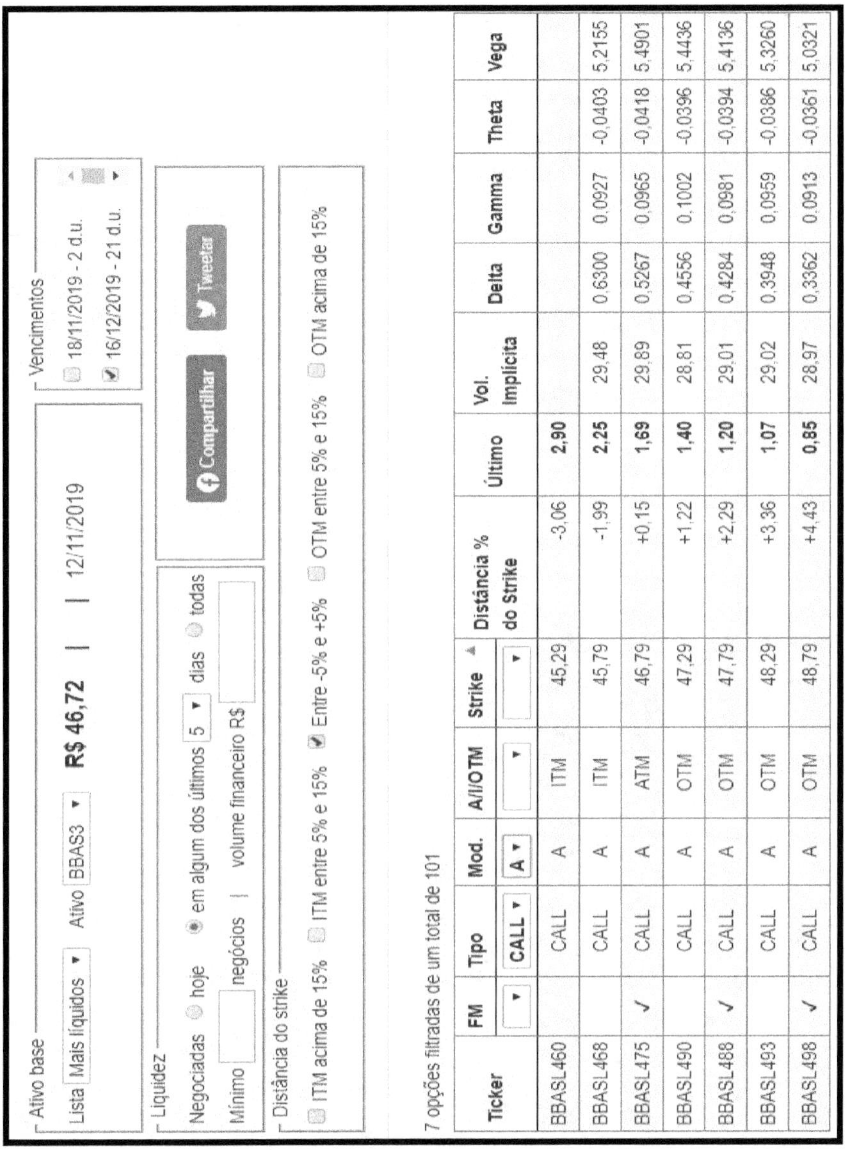

Ticker	FM	Tipo	Mod.	A/I/OTM	Strike	Distância % do Strike	Último	Vol. Implícita	Delta	Gamma	Theta	Vega
	▾	CALL ▾	A ▾	▾	▾							
BBASL460		CALL	A	ITM	45,29	-3,06	2,90					
BBASL468		CALL	A	ITM	45,79	-1,99	2,25	29,48	0,6300	0,0927	-0,0403	5,2155
BBASL475	✓	CALL	A	ATM	46,79	+0,15	1,69	29,89	0,5267	0,0965	-0,0418	5,4901
BBASL490		CALL	A	OTM	47,29	+1,22	1,40	28,81	0,4556	0,1002	-0,0396	5,4436
BBASL488	✓	CALL	A	OTM	47,79	+2,29	1,20	29,01	0,4284	0,0981	-0,0394	5,4136
BBASL493		CALL	A	OTM	48,29	+3,36	1,07	29,02	0,3948	0,0959	-0,0386	5,3260
BBASL498	✓	CALL	A	OTM	48,79	+4,43	0,85	28,97	0,3362	0,0913	-0,0361	5,0321

Figura 15. BBAS3 no dinheiro. Fonte: opções.net.br

Veja que o prêmio é maior e o delta 0,52 também é maior, o que significa que há aproximadamente 52% de chance de a ação fechar acima deste valor, no período de 34 dias.

As opções no dinheiro são as opções com mais valor extrínseco. Com mais prática e experiência, o investidor poderá determinar e escolher melhor o preço de exercício a ser vendido no dinheiro, dentro do dinheiro ou fora do dinheiro.

4.16 Venda da Call Coberta Dentro do Dinheiro – Alavancagem

A implementação da estratégia com a venda da call dentro do dinheiro, como vimos anteriormente, fornece uma maior proteção, mas o potencial de ganho é menor. Entretanto, essa estratégia pode se tornar mais atraente com o uso de margem ou alavancagem. Algumas corretoras oferecem a compra da ação a termo ou com o uso de margem, onde o investidor desembolsa inicialmente 50% ou 30% do valor total de compra das ações, como um empréstimo.

Imagine se sua corretora financie 70% do valor para você comprar ações, como a do Banco do Brasil, na figura 15 anterior. A cotação da ação, conforme a figura demonstra, está em R$ 46,72 e o total de 100 ações é de R$ 4.672. Neste cenário você desembolsaria somente 30% desse valor, R$ 1.401,60, e, se você vender a call com preço de exercício (strike) de R$ 45,29, terá o seguinte resultado:

- ❖ Valor investido: R$ 1.401,60.

- ❖ Ticker: BBASL460.

- ❖ Vende a call por R$ 2,90 (um contrato): Total R$ 290.

- ❖ Preço de exercício: R$ 45,29 / expira em 34 dias.

Se, ao final dos 34 dias, a ação estiver cotada acima do valor do preço de exercício de R$ 45,29, esse será o resultado final da operação.

Compra e venda das ações: Prejuízo de R$ 143 (R$ 4.672 – R$ 4.529)
Prêmio recebido: R$ 290
Lucro: R$ 147 (R$ 290 – R$ 143)

O retorno dessa estratégia é de 10,48%, em apenas 34 dias – valor calculado pelo lucro de R$ 147 dividido pelo investimento inicial de R$ 1.401,60. Não foram calculados os juros que a corretora irá cobrar por essa operação.

4.17 Risco de Exercício e Risco de Dividendo (Dividend Risk)

Risco de exercício antes do vencimento. Se você, investidor, que vendeu a opção, não quiser vender a ação, essa explicação é muito importante. Já se não se importa muito, pois escolheu um preço de exercício que gostaria de vender suas ações, você não precisa se preocupar tanto, mas vale a pena saber em quais situações as opções podem ser exercidas antes do vencimento.

Veja este exemplo da ação da Itausa, ITSA4 figura 16 a seguir. Perceba que faltam apenas cinco dias corridos para a opção ITSAK42 expirar. O valor extrínseco, tempo ou time value, é zero, porque a opção está muito dentro do dinheiro e com pouco tempo restante.

A coluna "último" mostra o último preço a que a opção foi negociada, R$ 0,65. Agora, vamos calcular o valor intrínseco, que é calculado pelo valor da ação, R$ 13,50, menos o preço de exercício, R$ 12,85. O que temos é um valor intrínseco de R$ 0,65. Ou seja, o preço total da opção é composto somente de valor intrínseco.

Esta opção não tem nenhum valor extrínseco (time value/valor de tempo). Na maioria das vezes, as opções são exercidas no vencimento, porém esta opção pode ser exercida a qualquer momento, mesmo antes do vencimento.

Eu expliquei na seção ITM (in-the-money ou dentro do dinheiro) que os detentores de opções call não exercem quando as opções têm tempo ou time value. Neste caso, é diferente, a opção não tem mais time value.

Já o risco de dividendo (dividend risk) é o risco de exercício para o vendedor da call, mesmo quando a opção ainda tem valor extrínseco ou time value. O risco é quando a empresa anuncia dividendo, se o valor desse dividendo for maior que o valor extrínseco da opção (tempo/time value).

Ainda na figura 16, veja a opção ITSAK137. O valor total da opção na coluna "último" é de R$ 0,23. Esse valor é composto pelo valor intrínseco de R$ 0,15 (preço da ação, R$ 13,50, menos o preço de exercício, R$ 13,35) e pelo valor extrínseco, que é o restante, R$ 0,08.

Se estiver dentro da data ex-dividendo e se a empresa anunciar um dividendo de R$ 0,20 por ação, um valor que é muito maior do que o valor extrínseco de R$ 0,08 da opção, o detentor desta opção muito provavelmente exercerá o direito de compra antes do vencimento, pois o valor do dividendo é maior que o valor extrínseco (time value) da opção.

Quando a opção fica dentro do dinheiro e com pouco tempo restante até o vencimento, uma semana, por exemplo, o risco de exercício é alto. Se a empresa anunciar dividendo e se este for maior que o valor extrínseco da opção, a chance de exercício é muito mais alta.

O risco de exercício é apenas para as opções de estilo americanas, porque estas podem ser exercidas a qualquer momento. Já para as opções de estilo europeias, esse risco não existe, pois elas podem ser exercidas somente no último dia de vencimento do contrato.

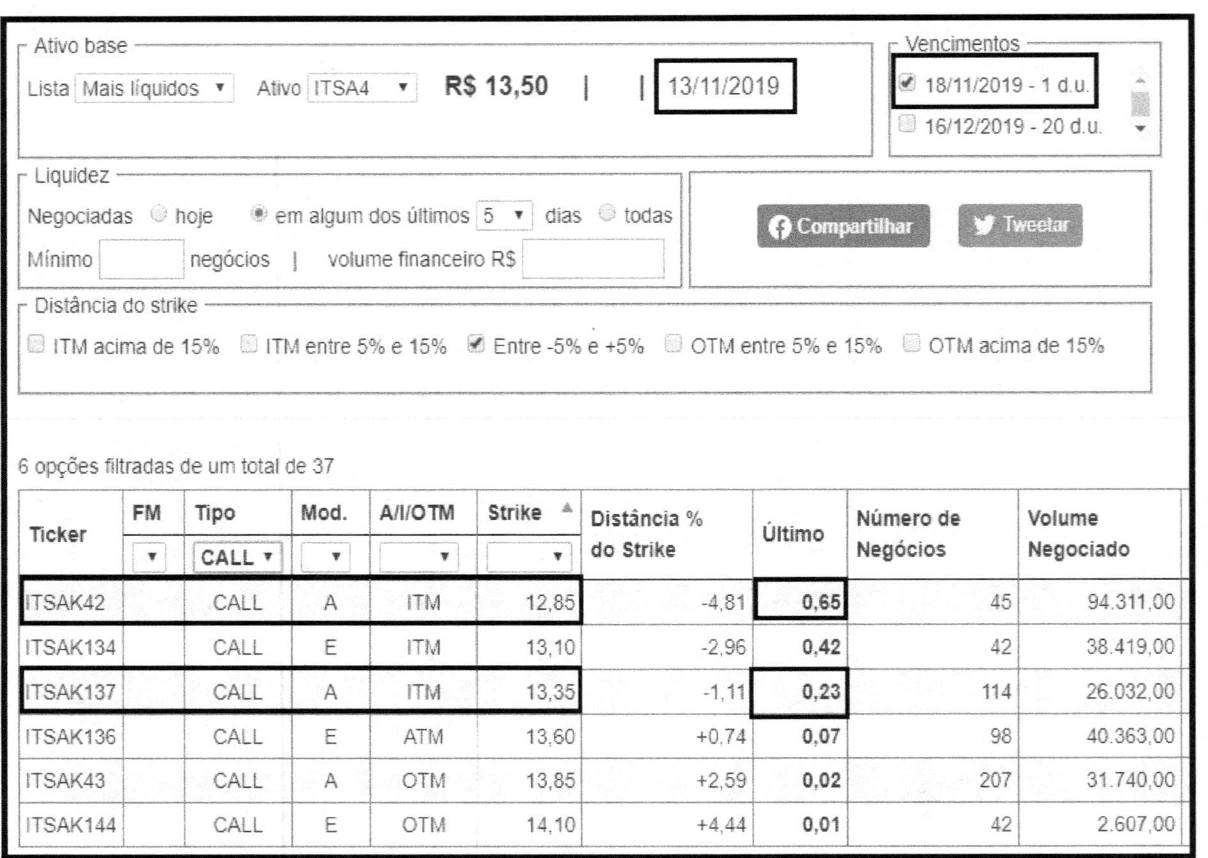

Ticker	FM	Tipo	Mod.	A/I/OTM	Strike	Distância % do Strike	Último	Número de Negócios	Volume Negociado
	▼	CALL ▼	▼	▼	▼				
ITSAK42		CALL	A	ITM	12,85	-4,81	0,65	45	94.311,00
ITSAK134		CALL	E	ITM	13,10	-2,96	0,42	42	38.419,00
ITSAK137		CALL	A	ITM	13,35	-1,11	0,23	114	26.032,00
ITSAK136		CALL	E	ATM	13,60	+0,74	0,07	98	40.363,00
ITSAK43		CALL	A	OTM	13,85	+2,59	0,02	207	31.740,00
ITSAK144		CALL	E	OTM	14,10	+4,44	0,01	42	2.607,00

Figura 16. Cadeia de opções da Itaú. Fonte: opções.net.br

Se a opção está muito dentro do dinheiro e se o investidor não quer vender as ações, ele pode rolar para o mês seguinte, com mais tempo ou time value: o valor extrínseco do mês seguinte será maior e diminuirá o risco de exercício.

Vale lembrar que, caso haja exercício, isso quer dizer que a estratégia funcionou, pois, na verdade, a venda da call coberta é uma estratégia bullish. Você vendeu a ação a um preço de exercício mais alto, com lucro, e ainda recebeu um prêmio. Será que você prefere ver as suas ações desvalorizarem? Então, exercício não é uma coisa para tirar o seu sono.

Se as opções expirarem dentro do dinheiro (ITM), na terça após o vencimento, as ações irão desaparecer da sua conta. Verifique os custos que sua corretora cobra em caso de exercício. Se a opção expirou dentro do dinheiro, mas a ação continua na sua carteira, verifique com a corretora, pois o processo pode demorar dois ou três dias. Não pense que a opção não foi exercida e que você já pode vender uma nova call, pois poderá estar vendendo uma opção a seco, que é muito mais arriscada.

4.18 Dicas

No começo, crie uma planilha para saber o lucro de suas opções vendidas e analisar o desempenho dessa estratégia.

Comece vendendo apenas um contrato para praticar. Depois, com mais experiência, aumente o número de contratos vendidos. Mas, lembre-se, para cada 100 ações em carteira, você pode vender um contrato de opção.

Monitore a opção vendida da mesma forma com que você monitora o preço das ações; assim, você entenderá melhor o que afeta o valor das opções.

4.19 Resumo Implementando a Estratégia

❖ A estratégia pode ser iniciada com as ações que o investidor já possui em carteira ou com uma operação simultânea, em que, primeiro, se compra a ação e, em seguida, vende-se a opção call.

❖ Vender a call sem ter as ações em carteira é uma estratégia de alto risco, classificada como venda de opção a seco.

❖ A opção a ser vendida pode ser dentro do dinheiro, no dinheiro ou fora do dinheiro. O delta pode ser usado como referência para escolher a opção a ser vendida.

❖ O ideal é vender opções com 45 dias corridos até o vencimento. Pode ser entre 60 e 30 dias.

❖ Vender a opção por um crédito para iniciar a posição, depois comprar a opção de volta por um débito, com 50% ou 70% de lucro, para sair da posição, ou aguardar até o vencimento.

❖ O retorno no investimento é calculado pelo valor do prêmio final recebido, dividido pelo valor investido de compra das ações, depois multiplicado por 100 para chegar a porcentagem.

❖ Usar as técnicas de rolagem para adicionar mais prêmio e tempo.

❖ Opções de estilo americana, sem valor extrínseco, podem ser exercidas antes do vencimento. Se houver anúncio de dividendos o risco é maior.

5

Motivos Para Utilizar Essa Estratégia

É comum ouvir por aí que opções são instrumentos de muito risco. Na maioria das vezes, o que acontece é que as pessoas querem dinheiro fácil e rápido: por exemplo, compram aquela opção como se fosse um bilhete de loteria e acabam perdendo dinheiro. E também não investem em aprendizado e desistem de uma das mais poderosas estratégias de investimento.

Com os exemplos e explicações que foram apresentados até aqui, posso destacar as seguintes vantagens que a venda da call coberta oferece:

5.1   Redução de Custo e Risco

Conforme mostrei nos exemplos, cada vez que você vende uma call coberta, o prêmio é instantaneamente depositado na sua conta com a corretora. Se você comprou 100 ações por R$ 3 mil e vendeu um contrato de call por R$ 200, teve automaticamente os custos das suas ações reduzido para R$ 2.800. Com isso, já largou na frente de outros investidores que somente compraram a ação.

A redução de custo vem junto com a redução de risco, pois, agora, utilizando o exemplo acima, o risco que você tem na mesa é de R$ 2.800, reduzido em R$ 200.

Ouve-se muito falar em comprar uma opção put, como forma de seguro para as ações. Os problemas com essa estratégia são vários;

❖ O custo de uma opção put pode corroer os ganhos que você obteve em dividendos ou com a valorização do ativo.

❖ É extremamente difícil prever quando haverá uma queda no mercado (market timing). Imagine se você compre uma put (seguro), por 30 dias e uma semana depois da put expirar a queda no mercado ocorre e você está desprotegido. Além da perda na desvalorização do ativo, você também tem que adicionar ao prejuízo todos os custos que teve com a compra deste seguro.

❖ Volto a mencionar, a venda da call coberta ajuda a reduzir o custo inicial do ativo, o que consequentemente diminui o risco. Assim, usufruirmos de um seguro que foi pago por uma outra pessoa, o comprador da call.

5.2   Valor de Tempo e Juros Compostos

Valor de tempo é definido como um real recebido hoje valendo mais do que um real recebido amanhã. Você prefere receber algum retorno das suas ações como dividendos, por exemplo, hoje ou daqui a dez meses?

Utilize os juros compostos, reinvista e multiplique os ganhos com a venda da call coberta. Há uma famosa frase, atribuída a Albert Einstein, que diz que os juros compostos são conhecidos como a oitava maravilha do mundo: quem entende, os recebe; quem não entende, paga por eles.

O dinheiro referente à venda da call ficará disponível na sua conta, na hora D+0 ou no dia seguinte D+1, dependendo da corretora, e pode imediatamente ser usado para comprar mais ações ou ser aplicado em qualquer outro investimento como renda fixa.

Quanto mais cedo o dinheiro começar a trabalhar para você, mais cedo você poderá se aposentar. A intenção é que esses pequenos e consistentes lucros se transformem e cresçam com os juros compostos. Assim, poderemos chegar à independência financeira.

5.3   Estudo - OCC (Options Clearing Corporation)

Um estudo feito pela OCC (Options Clearing Corporation), nos Estados Unidos, descobriu alguns fatos importantes sobre a venda da call coberta.

De acordo com o estudo, intitulado 15 Years of the Russell 2000 Buy-Write – em português, o nome seria "15 anos de estudo do índice Russel 2000" –, a análise comparou a compra de apenas as ações do índice, com a estratégia de venda da call coberta, que é a compra das ações do índice e a venda da call,

A estratégia de venda da call coberta, usando opções 2% fora do dinheiro e com um mês para expirar, superou o desempenho do índice Russell sozinho e ainda com menor volatilidade nos rendimentos. No entanto, a vantagem não durou quando foram usadas opções que expiravam em dois meses.

Em outro estudo, chamado de "O desempenho de estratégias de investimento com base em opções", analisou, durante o período de 2003 a 2013, as 10 ações mais líquidas da bolsa americana e testou várias estratégias de opções. Foi constatado que a venda da call coberta, muitas vezes, supera o desempenho das outras estratégias de opções.

Enquanto isso, a Hewitt EnnisKnupp revisou o Index, símbolo BXM, que é um índice de referência que consiste em compra das ações do índice S&P 500 e venda da opção de compra call, ou seja, a estratégia da call coberta.

A Hewitt EnnisKnupp constatou que, de 1986 a 2012, o índice BXM teve retornos alinhados com o próprio S&P e com uma diminuição na volatilidade. No entanto, em mercados em alta acentuada, o BXM geralmente teve um desempenho inferior ao S&P, que não utiliza a venda da call coberta.

Porém, o fundo BMX vende a call automaticamente, toda terceira sexta-feira de cada mês, e mantém a opção até expirar. Isso faz parte das regras do fundo. Você, investidor, não precisa seguir essas regras. Como mencionei anteriormente, você pode esperar uma alta nas ações e depois vender a call por um preço de exercício mais alto, além de todas as flexibilidades que mencionei neste livro, como, por exemplo, fechar a opção antes do vencimento, rolagem, etc.

6

Outros fatores importantes

6.1   Advertência

Essa é uma estratégia de baixo risco, mas não uma estratégia sem risco, que existe e está na queda do preço do ativo.

Não compre uma ação pelo simples fato de que ela tenha opções disponíveis. Mantenha o seu critério de compra. O ideal é sempre aplicar essa estratégia nas empresas que têm os melhores indicadores financeiros, que são bons negócios para se investir. Faça a sua lição de casa: consulte as casas de análises, faça sua pesquisa sobre a empresa.

Essa estratégia não é garantia de sucesso, mas estamos, sim, colocando as probabilidades de lucros frequentes em nosso favor.

6.2   Ambiente Econômico

Em um ambiente econômico favorável e com expectativa de crescimento da economia, espere a ação valorizar e execute a call coberta como fora do dinheiro, para gerar um melhor rendimento. Já no caso de pessimismo no cenário econômico, seria melhor vender a call mais perto do dinheiro. Isso é apenas uma opinião.

6.3   Eventos Binários: Notícias e Divulgação de Resultados

Notícias, eventos importantes e divulgação de resultados são conhecidos como eventos binários, pois os ativos podem valorizar ou desvalorizar rapidamente.

Veja na figura 17 que, em outubro de 2019, a empresa Localiza divulgou o resultado de um bom lucro líquido, de R$ 204 milhões, e mesmo assim a ação desvalorizou após a divulgação, pois o mercado esperava um número melhor, além de outros fatores.

Outros fatores importantes

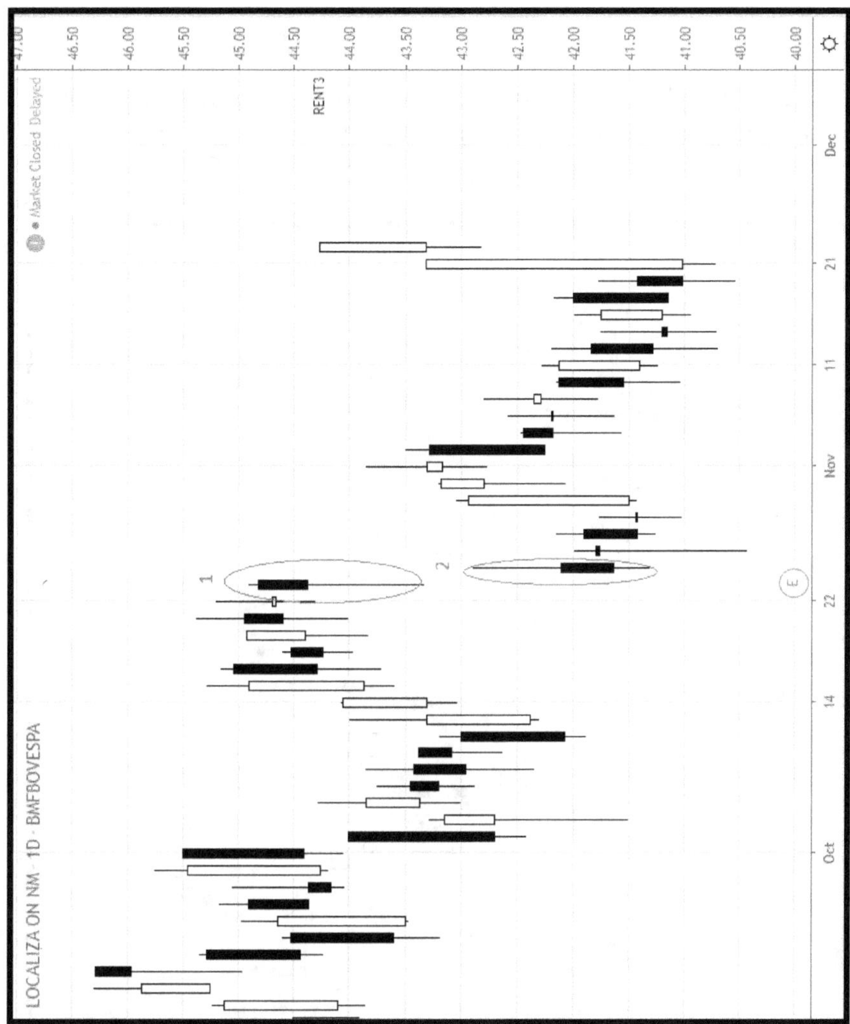

Figura 17. Ação RENT3 Localiza – Fonte: TradingView

Já a Suzano (SUZB3), conforme divulgado no site da Infomoney, teve um prejuízo de R$ 3,46 bilhões no 3º trimestre de 2019.

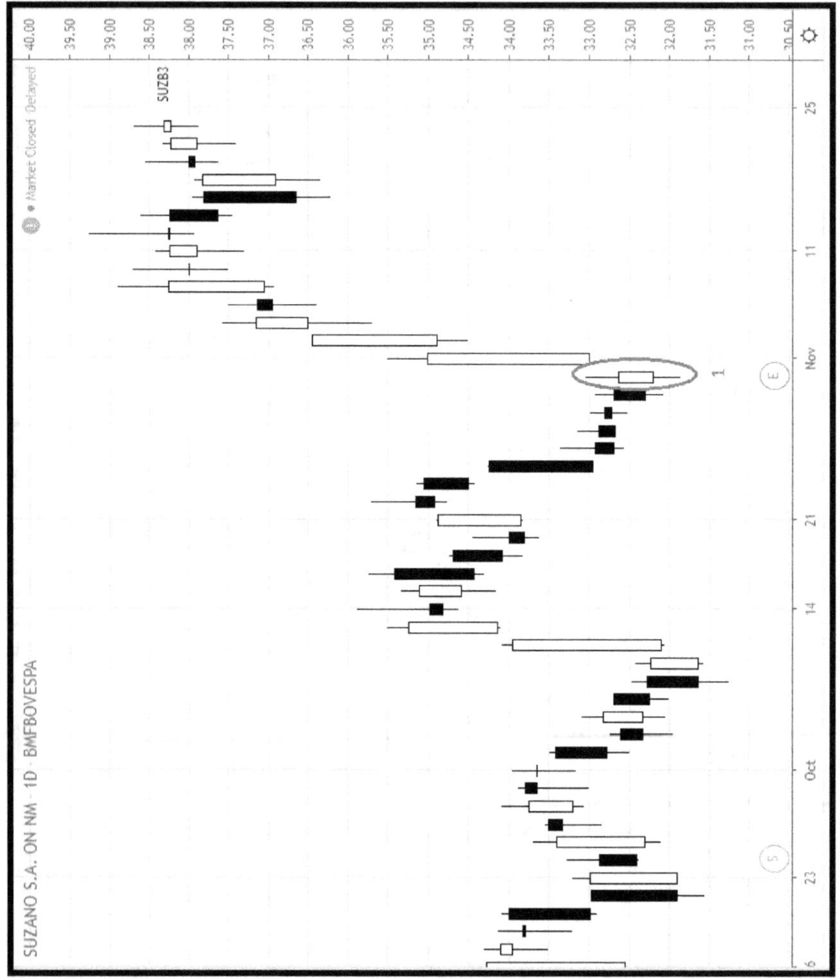

Figura 18. Ação SUZB3 Suzano. Fonte: TradingView

Perceba que, na figura 18, o ponto 1 é a data próxima da divulgação dos resultados. Mesmo com a informação de prejuízo, a ação teve uma forte valorização nos dias seguintes.

Eventos, como a divulgação de resultados, são considerados binários e devem ser evitados, caso o investidor pretenda iniciar a estratégia simultaneamente, que é a compra da ação e venda da call.

Já o investidor que possui ações em carteira pode tirar vantagem desses eventos, porque muitos traders compram opções para especular. Com o aumento da demanda, aumenta também a volatilidade e o preço das opções podem triplicar.

No dia do evento, os preços das opções estão nas alturas. Um prêmio que valia R$ 2 pode estar valendo R$ 6 ou mais, no mesmo preço de exercício. Muitas vezes, se nada de excepcional acontecer após o resultado, talvez no mesmo dia ou no dia seguinte, a opção volta a valer R$ 2. Se o investidor aplicar a regra de fechar a operação com 50% de lucro, este poderá obter um bom retorno, em um prazo muito curto.

Esse é o fenômeno da volatilidade, que é considerado como "mean reversion" em inglês, e significa que uma ação tem alguns picos altos de volatilidade, mas que, historicamente, a volatilidade desta ação sempre volta para a sua média histórica, ou normal. Isso também pode ser considerado como operar volatilidade.

Em relação à divulgação de resultados, no Estados Unidos tem o que é chamado de "Earnings Season", em que os traders seguem o calendário de divulgação de resultados para especular com a compra e venda de opções.

6.4   Imposto

Operações com duração de um dia, iniciadas e fechadas no mesmo dia, são consideradas day trade e são tributadas em 20% sobre o lucro líquido.

Operações com mais de um dia de duração são consideradas operações comuns e são tributadas em 15% sobre o lucro líquido.

Os prejuízos de outras operações podem ser compensados e subtraídos nos próximos ganhos. Somente é necessário seguir uma regra: manter prejuízos de operações de day trade subtraídos de lucros com operações de day trade, e prejuízos de operações comuns subtraídos de lucros com operações comuns.

Ao contrário das ações, as operações de lucro com opções não têm isenção de até R$ 20 mil de lucro – qualquer ganho é tributado. Mantenha-se informado, pois, no momento que este livre é escrito, está em andamento no Congresso Nacional a reforma tributária e essas informações podem ser modificadas.

6.5   Liquidez

Todos já ouvimos falar de alguém, ou até nós mesmos, que tentou vender algo como um celular, uma casa, um carro ou até um empreendimento e que precisava do dinheiro rápido, necessitando, por isso, vender o seu bem mais barato do que ele valia, para achar um comprador.

Este é o problema com a falta de liquidez: quando queremos vender algo e temos um produto que pouca gente está interessada em comprar, o preço tem que ser reduzido para que possamos fazer negócio.

No mercado financeiro, assim como em qualquer mercado, o mesmo conceito se aplica. Por isso, temos que procurar escolher ativos com opções líquidas. As opções com maiores volumes negociados são as mais líquidas. Na cadeia de opções, é possível ver o volume negociado.

Na figura 19 a seguir, é possível ver o volume de negócios, quanto maior o volume, maior a liquidez.

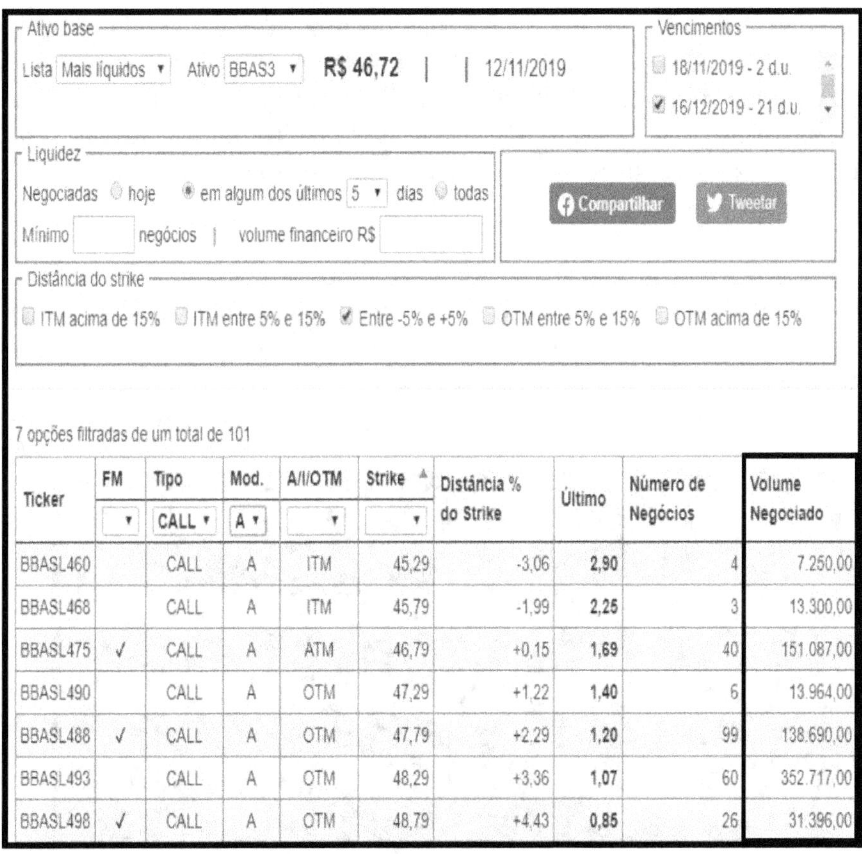

Ticker	FM	Tipo CALL	Mod. A	A/I/OTM	Strike	Distância % do Strike	Último	Número de Negócios	Volume Negociado
BBASL460		CALL	A	ITM	45,29	-3,06	2,90	4	7.250,00
BBASL468		CALL	A	ITM	45,79	-1,99	2,25	3	13.300,00
BBASL475	✓	CALL	A	ATM	46,79	+0,15	1,69	40	151.087,00
BBASL490		CALL	A	OTM	47,29	+1,22	1,40	6	13.964,00
BBASL488	✓	CALL	A	OTM	47,79	+2,29	1,20	99	138.690,00
BBASL493		CALL	A	OTM	48,29	+3,36	1,07	60	352.717,00
BBASL498	✓	CALL	A	OTM	48,79	+4,43	0,85	26	31.396,00

Figura 19. Volume de Negócios. Fonte: opções.net.br

O investidor pode também observar o livro de ofertas que a corretora disponibiliza. Na figura 20, vamos comparar uma opção de alta liquidez, como a da Itaúsa, a ITSAL144, com uma de baixa liquidez, como a CYREL27, da empresa Cyrela. Ambas expiram em aproximadamente 20 dias. Perceba que há muitos compradores e vendedores na boleta da Itaúsa e poucos na opção da Cyrela.

Há outra maneira para saber se a opção é líquida. Verifique a diferença entre os preços de oferta de compra e de venda, o bid/ask spread. Essa regra vale para qualquer instrumento financeiro. Perceba que, no caso da opção da Itaúsa, a melhor oferta de compra é de 0,22 e a melhor oferta de venda é 0,23 centavos, a diferença é de apenas um centavo. Essa é a característica de ativos extremamente líquidos, como o da Itaúsa.

Já a diferença na opção da Cyrela é de nove centavos, o que mostra que esta é uma opção menos líquida. Spreads, que são a diferença entre o preço de compra e venda, quando maiores do que 10 centavos são mais preocupantes e devem ser evitados.

Figura 20. XP Home-broker - Cyrela e Itaúsa spread

7

Despedida

Gostaria de agradecer pela sua atenção dedicada à leitura do meu primeiro livro. Decidi embarcar neste projeto porque tomei a decisão de trabalhar em algo que eu realmente gosto, que é o mercado de opções.

Opero opções desde 2015 e sei que a venda da call coberta é uma das estratégias que funciona. Para confirmar minha opinião e experiência, pesquisei os melhores materiais disponíveis no mundo sobre esse tema, nos melhores livros e sites de instituições que ensinam opções. Além de confirmar a eficácia, também estou entregando um material completo de como implementar e gerenciar essa estratégia. Por isso, tenho a certeza de que você tem em mãos uma excelente ferramenta, que vai te auxiliar na obtenção de melhores retornos em seus investimentos.

Mencionei exemplos de vários cenários para implementar a estratégia e várias formas de gerenciá-la, como, por exemplo, fechar antes do vencimento, rolagem, uso com alavancagem, etc. Tudo para que você veja a flexibilidade que a estratégia oferece e para que possa usar a sua criatividade para gerenciar seus investimentos. Espero ter o ajudado a entender melhor esse fascinante mundo das opções.

Seja paciente na hora de aprender. Recomendo que você leia o livro inteiro e, depois de alguns dias ou semanas, volte e leia novamente as partes que você não entendeu completamente. Procure também mais informações na internet, isso ajuda bastante. Vou deixar meus dados para contato abaixo.

Muitas pessoas ignoram esse tipo de aprendizado, porque a sociedade tenta nos convencer de que investir é só para os que têm muito dinheiro, e que não temos capacidade para isso. Você, caro leitor, não é um deles.

Até breve,
Rubens Gonçalves De Souza

Youtube: canal O Estrategista
Instagram: rubens_sza
Twitter: rubens_sza
www.oestrategista.com.br
https://www.facebook.com/oestrategista.br

8

Definições Extras

Como mencionei anteriormente, deixei essa seção de definições para o final do livro para não complicar na explicação da call coberta. Abaixo, mostrarei algumas definições que vão o ajudar a atender mais sobre o mercado de opções – não somente a call coberta, mas opções em geral.

8.1   Titular

Titular é o comprador da opção, que detém o direito, mas não a obrigação de exercer a compra do ativo, conforme os termos do contrato.

8.2   Lançador

Lançador é o vendedor da opção, que recebe o prêmio e tem a obrigação de cumprir os termos do contrato.

8.3   Gama e Rho

Gama e rho fazem parte das gregas. O rho refere-se à mudança no preço de uma opção em relação à taxa de juros. A influência do rho no preço das opções é muito pequena; por isso, muito pouco se fala sobre o ele.

Já o gama é uma grega importante, pois mede a taxa de mudança do delta. Ele reflete, em porcentagem, de quanto o delta vai aumentar ou diminuir, em resposta para cada movimentação de um ponto no preço do ativo.

Imagine uma ação que custa R$ 40 e uma opção de compra subjacente com preço de exercício R$ 43, que expira em 30 dias. Suponha que essa opção tenha um delta de 0,30 e gama de 0,10 ou 10%. Se o preço da ação subir um real, de R$ 40 para R$ 41, o delta será ajustado para cima em 10%, aumentando de 0,30 para 0,40. Se o ativo desvalorizar um real, o delta diminuiu em 10%, de 0,30 para 0,20 por causa do gama de 0,10.

O gama é o inimigo do vendedor de opções e amigo do comprador, pois é ele que faz aquelas opções prestes a virarem pó de repente valorizarem muito. Isso acontece com opções que estão próximas a expirar e que estão com o preço de exercício próximo ao do ativo.

Esse fenômeno é conhecido como "gama explosion", ou "risco gama", para o vendedor de opções. Nas opções muito dentro ou muito fora do dinheiro, o efeito do gama é mínimo.

Para nós, vendedores da call coberta, esse risco está sob controle, pois estamos cobertos, como o próprio nome da estratégia diz. Já o vendedor de opções a seco tem que gerenciar bem o risco gama.

8.4   Delta Neutro

É uma maneira ou estratégia de gerenciamento de portfólio que utiliza várias posições de opções com a intenção de manter um equilíbrio de deltas positivos e negativos, para que o delta geral dos ativos do portfólio em questão totalize zero e assim diminui o risco direcional.

8.5   Put Opção de Venda

A opção de venda put dá ao proprietário o direito de vender um ativo (o subjacente) a um preço especificado, em uma data predeterminada (vencimento), para uma determinada pessoa (o vendedor da opção de venda put). A put é mais utilizada com um seguro de ações, ou para especulação, para quem aposta na queda de preço do ativo.

8.6   Hedging

Um hedge é uma estratégia para proteger suas finanças de uma situação de risco, como um seguro com opções, diversificação ou uso do mercado futuro. A cobertura é feita para minimizar ou compensar a chance de seus ativos perderem valor.

8.7   Collar

O investidor implementa a estratégia da call coberta explicada neste livro (compra da ação e venda da call) e adiciona a compra de uma put. A put funciona como um hedge, que torna a estratégia muito segura e quase sem risco, mas com um potencial de ganho muito baixo.

8.8   Sintéticas

Há muitas opções sintéticas. Elas são utilizadas para recriar o perfil de lucro e risco de uma opção ou ação específica, usando combinações de ativos subjacentes ou diferentes opções.

Por exemplo, cada ação equivale a um delta: se o investidor comprar 100 ações da Petrobras, ele terá 100 deltas positivos em seu portfólio.

Para criar uma posição sintética, pode-se vender um contrato de put no dinheiro e também comprar um contrato de call no dinheiro. Opções no dinheiro tem delta de 0,50; um contrato de opção equivale a 100 ações. Então, a venda de um contrato de opção de put no dinheiro tem 50 deltas positivos e a compra de um contrato de call no dinheiro também tem 50 deltas positivos. Totalizando, as duas opções têm 100 deltas positivos, igualando-se, assim, com 100 deltas das 100 ações. Então, ambas as ações, ou a opção sintética, têm o mesmo perfil de risco e lucro.

8.9   Trava ou Spread

Uma trava ou posição de spread é formada com a compra e também com a venda de opções de um mesmo ativo, mas com preços de exercício diferentes.

8.10 Índice

Um índice de mercado é um portfólio hipotético de participações em investimentos, que representa um segmento do mercado financeiro. O cálculo do valor do índice provém dos preços dos ativos que compõem o índice. Os mais populares são os índices dos Estados Unidos Dow Jones, SP&500, Nasdaq e, no Brasil, o Ibovespa.

8.11 ETF

É um fundo negociado em bolsa, que geralmente acompanha um índice subjacente, embora possa investir em vários setores da indústria ou usar diferentes estratégias. Os ETFs são listados em bolsas, com ações negociadas ao longo do dia, assim como as ações ordinárias.

Sobre o autor:

Rubens Gonçalves De Souza é formado em Administração e em Comércio Exterior pela Universidade Mackenzie em São Paulo. Obteve diploma em planejamento financeiro pela Mentor Education, na Austrália, e certificado em Finanças pela Griffith University, também na Austrália.

Rubens opera no mercado de opções dos Estados Unidos desde 2015 e hoje opera opções tanto no Brasil quanto nos Estados Unidos.

Referências:

Ellman, Allan (2011) Complete Encyclopedia for Covered Call Writing. The blue collar investor, USA: Digital Publishing of Florida, Inc.

McMillan, G. Lawrence (2012) Options as a strategic investment, 5 edn. USA: Penguin Group (USA) Inc.

Sincere, Michael (2014) Understanding Options, 2 edn., USA: McGraw-Hill Education books.

On-line:

Evan, My Journey to millions (2016). What is Time Decay and Why Do I Love It? O que é corrosão do tempo e porque eu amo isso? Disponível em: https://www.myjourneytomillions.com/articles/time-decay-love/ (Acesso: 23/10/2019).

Wikipédia, a enciclopédia livre (2009) Mercado de opções, disponível em: https://pt.wikipedia.org/wiki/Mercado_de_opções (Acesso: 23/10/2019).

Chen, James (2019) What Is an Option? Disponível em: https://https://www.investopedia.com/terms/o/option.asp (Acesso: 23/10/2019).

The Options Guide (2017) Gamma, disponível em: https://www.theoptionsguide.com/gamma.aspx (Acesso: 28/10/2019).

Tastytrade (2018), Why Not Hold To Expiration ? Porque não esperar até o vencimento? disponível em: https://www.tastytrade.com/tt/shows/options-jive/episodes/why-not-hold-to-expiration-01-17-2018 (Acesso: 04/11/2019).

Tastytrade Covered Call, disponível em: https://www.tastytrade.com/tt/learn/covered-call (Acesso: 07/11/2019).

Burns, Brian (2009) A Brief History of Stock Options, disponível em: https://www.thestreet.com/opinion/a-brief-history-of-stock-options-10595277 (Acesso: 10/11/2019).

OptionsTrading.org (2017) The History of Options Trading, disponível em: https://www.optionstrading.org/history/ (Acesso: 10/11/2019).

Cboe Global Markets, Inc. () Cboe S&P 500 BuyWrite Index (BXM), disponível em: http://www.cboe.com/products/strategy-benchmark-indexes/buywrite-indexes/cboe-s-p-500-buywrite-index-bxm (Acesso: 20/12/2019).

Referências:

The Options Industry Council (2018) Get the Facts about Covered Calls, disponível em: https://www.theocc.com/about/newsroom/blog/2018/Get-the-Facts-About-Covered-Calls.jsp (Acesso: 20/12/2019).

B3 SA (2019) Opções sobre Ações, Disponível em: http://www.b3.com.br/pt_br/produtos-e-servicos/negociacao/renda-variavel/opcoes-sobre-acoes.htm (Acesso: 28/12/2019).

Tastytrade (2016) Why 45 DTE is the Magic Number - Porque 45 dias antes de expirar é o número mágico, disponível em: https://www.tastytrade.com/tt/shows/the-skinny-on-options-modeling/episodes/why-45-dte-is-the-magic-number-05-26-2016--2 (Acesso: 13/01/2019)

Index

D

E

F

G

H

I

J

L

M